何以为父

一位教师爸爸18年的教子反思与感悟

九 月 —— 著

中国经济出版社
CHINA ECONOMIC PUBLISHING HOUSE

·北京·

图书在版编目（CIP）数据

何以为父：一位教师爸爸18年的教子反思与感悟/
九月著. -- 北京：中国经济出版社，2024.10.
ISBN 978-7-5136-7875-9
Ⅰ. G78
中国国家版本馆CIP数据核字第20249U30K5号

责任编辑	王　帅
责任印制	马小宾
封面设计	源画设计
出版发行	中国经济出版社
印 刷 者	三河市万龙印装有限公司
经 销 者	各地新华书店
开　　本	710mm×1000mm　1/16
印　　张	11.75
字　　数	132千字
版　　次	2024年10月第1版
印　　次	2024年10月第1次
定　　价	59.80元
广告经营许可证	京西工商广字第8179号

中国经济出版社　网址 www.economyph.com　社址 北京市东城区安定门外大街58号　邮编 100011
本版图书如存在印装质量问题，请与本社销售中心联系调换（联系电话：010-57512564）

版权所有　盗版必究（举报电话：010-57512600）
国家版权局反盗版举报中心（举报电话：12390）　　服务热线：010-57512564

推荐序

如何做父亲

在人生的旅程中，有些人将我们引导到新的世界，有些人陪伴我们度过岁月的风雨。而本书作者，作为家庭教育的坚定倡导者，却是一位将激情与责任融于一身的人。在这个激流勇进的时代洪流中，他以对文学的无限热爱与对教育事业的深切执着为导航星辰，倾注心血，书写了一本感人的《何以为父：一位教师爸爸18年的教子反思与感悟》。

回望20年前，本书作者在我创办的大学中担任教务部门的负责人，离开学院后依然坚守教育事业。正是这样的从业经历让他有底气去探讨家庭教育的精髓，书写下这本关于父子情深、关于成长历程的温情手记。

恰逢此时，我也怀着对教育的热爱，刚刚将自己的教育与创业之路结合成书，探讨教育与家庭的交融，献上了《追随时代的脚步：教育与大学创新之路——我和女儿一同成长》。而《何以为父：一位教师爸爸18年的教子反思与感悟》是另一种触动心灵的探索，是对家庭教育重要性的再次昭示。

在这本书中，作者以他与儿子之间的成长为线索，以个人的亲身经历为素材，娓娓道来，告诉读者如何在亲情和教育之间找到平衡点。他不是用冰冷的教育理论，而是以真情实感，向我们展示了一个真实的家庭教育示范。这种情感的交流，不仅让我们感受到父爱的厚重，也让我们领略到家庭教育的重要意义。

家庭，是每个人生命旅程中的起点。父母，是每个孩子最亲近的港湾。本书作者所书写的教子手记，不仅是他与儿子之间爱的传承，还是一本以爱为笔墨，以成长为主线的生动的家庭教育范例。在这个喧嚣的世界中，他用自己的亲身经历向我们呈现了一个温暖而真实的家庭教育图景。

在此，我很高兴能够为本书写序，以支持作者对家庭教育和文学的热情，期待他的书能够为更多的家庭带去温暖和启迪。

胡列　博士、教授

西安理工大学高科学院董事长

西安高新科技职业学院董事长

2023 年 8 月 18 日

自 序

我写得认真而执着，只为孩子

作为一个父亲，也作为一名教育工作者，我总想把自己体悟的人生道理讲给儿子，想让他在这个社会上少走弯路，但常常事与愿违。这让我不得不重新思考，怎样才能做好一个父亲。

有一段时间，我把自己所犯的教育儿子的错误，归结为自己的年轻，但年轻不是犯错的理由，每个年轻的父亲都不必为此付出这么昂贵的代价。我也常常去思考我和我父亲的关系。长久以来，我对父亲充满了抱怨与不屑，他身上有太多的缺点与软弱，让我耿耿于怀。我觉得作为一个父亲，就该有做父亲的担当与模样，可该有怎样的担当、具体什么模样，我也不清楚。我用大半辈子的时间，想纠正父亲带给我的家庭教育的缺失，也经常做自己的心理工作，以期达成对父亲的谅解与和解。这是一个艰难的过程，但唯有如此，我才能真正去理解父亲这个角色的含义。

很多时候，我很难理解我与父亲、我与儿子的关系，按说我应该比我的父亲做得更好些，然而，现实却是同样糟糕！我和我的父亲，都是父亲这个角色的失败者，至少是不合格者。我不想让我的儿子以后成为父亲重复我已经走过的弯路。我想趁早为他写下这些文字，希望对他或多或少能起到一点作用。为什么要用写的方式，是因为当面沟通太难了，我想用文字的方式，让他看见我作为儿子与父亲这个角色，曾经历过怎样的心路历程。

  酝酿了很久，一直忙于生活而懒于动笔。2021年8月回老家和高中几个同学小聚，邻桌有七八个人，突然听到他们吵了起来，看过去发现是一个大概三十岁的男子在和他的父亲吵架。那说出口的语言，粗俗而蛮横，似乎在发泄多年来的委屈。父子俩越吵越凶，同桌人劝也劝不住，互相摔了餐桌上的东西，饭也没吃成，弄得很多人又是劝，又是看热闹。父子关系，怎么能到如此境地，让人默然。过了不久，回市区，在公交车上，又碰见一对父子争吵，那话语同样让人心寒。基于此，我想还是有必要把自己所经历的、感触最深的都写出来，对自己、对别人，能有一些改观便好。

  我写得用心而执着，一幕幕关于父子关系的场景，总在眼前浮现，让人恨不得把所有想到的都写出来，一吐为快！

  儿子已经大学毕业，也有了一份相对稳定且不错的工作。想想从儿子出生到现在，儿子的不听话、叛逆甚至像仇人一样对我们的敌视，妻子的忍耐与争吵甚至有时声嘶力竭的情绪失控，自己让人不堪接受的怒骂动手与无奈，所经历的一切，回头去看，是那么触目惊心，又是那么庆幸——没有出现意外。想想一个孩子的成长，竟然那么不容易！

  作为一名教育工作者，我也目睹了很多家庭教育的悲剧，也见证了很

自序

多家庭教育在孩子心里造成的创伤，以及孩子走上社会，或多或少因家庭教育所形成的性格上的缺憾，仍然在如此深刻地影响着他们的生活幸福指数！

在家庭教育的过程中，我始终认为一个孩子有什么样的性格和做事风格，以及对未来的追求层次，都与父亲的性格与做事风格有极为密切的联系，有骨子里的传承与塑造，当然，母亲角色的重要性不言而喻，但似乎父亲的角色决定着一个人作为社会角色的各种能力与素养，而母亲为一个人作为人的底线的守护。

社会上有很多关于母亲教育子女的书，而关于父亲的教育都是零星半点地提及，虽然像《傅雷家书》等一些名家的教育故事与言传身教也有不少，而我更想谈谈一个普通人从出生到大学毕业，作为父亲应该注意些什么，怎样才能做好父亲，做好对一个孩子成长的教育。希望能对父亲这个角色，注入它应有的内涵与外延，而不是仅作为一个称谓与身份！

我将以一个父亲的角色，也将以一个儿子的角色，全面呈现我在成长过程中对父亲的敌视以及理解，呈现我在教育儿子过程中所走过的弯路，以及怎样在不同的时刻该做怎样的事，才是对孩子的负责与爱护！这一切，都是为了孩子，为了下一代更加健康地成长。

做人不易，做父亲更不易。做好父亲，是多么重要而必需的一堂课，你准备好了吗？

九　月

2022年9月于山城宝鸡

阅读指南

关于学习

学前教育如何做最有效　P51

孩子不爱学习怎么办　P53、P87

如何处理择校　P82

如何给孩子补课　P93

学好数学的关键是什么　P63

孩子喜欢看杂书，如何对待　P99

如何检查孩子的课堂笔记和作业本　P90

如何开家长会　P110

何以为父：一位教师爸爸18年的教子反思与感悟

关于品质培养

如何培养孩子的爱心和同情心　P31

如何让孩子坚强起来　P27

如何提升孩子的自我控制能力　P70

如何对待孩子的好奇心　P19、P45

如何让孩子处理好人际关系　P24、P141

如何培养孩子的动手能力　P73

关于习惯养成

孩子习惯养成的关键期是什么时候　P53

如何培养孩子的阅读习惯　P56

如何培养孩子的书写习惯　P60

孩子痴迷手机怎么办　P116

孩子痴迷玩游戏怎么办　P102

如何让孩子喜欢上锻炼身体　P76

如何让孩子养成珍惜时间的习惯　P70

如何培养孩子自我独立的习惯　P27

阅读指南

关于性情塑造

如何应对孩子的叛逆期　P113

如何培养孩子的专注力　P67

如何激发孩子的想象力　P43

如何对待孩子早恋　P119

如何引导孩子管理自己的情绪　P41

关于日常生活

怎样与孩子沟通效果最好　P38、P122、P124、P149

如何让孩子拥有自己的兴趣爱好　P147

如何培养孩子的说话能力　P21

目 录

第1章 初始教育：让嫩芽破土，让心灵开窗 /001

从"道歉"开始（一） /003

从"道歉"开始（二） /005

我是父亲和儿子的交点 /007

儿子满月时，我不在家 /010

百天象征着百岁，百岁是晴空中的哨鸽 /012

抓周是一种期望，别太当真 /014

真正的陪伴是呵护与爱 /017

玩具是孩子探索物质世界的开始 /019

一岁到三岁是孩子说话能力培养的关键期 /021

再好的父母，也代替不了伙伴对孩子的作用 /024

让孩子从第一步就学会好好走自己的路 / 027

儿时最早的记忆是什么 / 029

大自然这种无声的教育，胜过一切说教和作品 / 031

名字，是送给孩子的第一份礼物 / 033

如何让孩子对待"迷信" / 036

讲故事是最适合人心智接受的方式 / 038

情绪化严重的父母，势必养出情绪化严重的小孩 / 041

触发孩子的想象力，然后引导他 / 043

儿子的好奇，是对收音机里一个声音的寻找 / 045

第2章　学习兴趣、习惯和自信的养成，比分数更重要　/049

学前教育以什么为主 / 051

小学是孩子习惯养成的关键阶段，千万别忽视 / 053

我把阅读作为第一要培养的习惯 / 056

字如其人，重视孩子书写的培养 / 060

培养孩子对数字的敏感度，是学好数学的关键所在 / 063

塑造成就，注重细节，孩子专注力自然会提高 / 067

不要对孩子讲时间的重要性和易逝，只需做好规划和监督 / 070

觉得代劳省事，是对孩子动手能力的扼杀 / 073

目 录

从小引导孩子喜欢上一项运动 /076

当所有人离你而去时,还有那琴声可以永远陪伴你 /079

孩子择校的困惑与反思 /082

大题要过程,错题与不会的题要有专门的作业本 /087

一定要检查课堂笔记,因为课堂学习对孩子最重要 /090

好的补课方式是什么 /093

第3章 如果吼叫能解决问题,
那驴一定是世界上最厉害的物种 /097

孩子喜欢看小说,会影响学习吗 /099

父母的方式和方法,决定了孩子对游戏的态度 /102

别因为分数使孩子失去对学习应有的热情和态度 /106

开完家长会之后,生气没有任何意义 /110

认定孩子必有一个叛逆期,是严重的误导 /113

孩子痴迷手机,到底该怎么办 /116

儿子上高中时喜欢上了一个女孩 /119

如果吼叫能解决问题,那驴一定是世界上最厉害的物种 /122

孩子那慷慨措辞的背后,不是坚强,而是脆弱 /124

希望父母在教育中,多给孩子讲解一些生活常识 /127

第4章　孩子的成长，是一个不断放手的过程　/131

告诉孩子，在规则范围内寻找最大的突破　/133

人生方向的确定，是孩子大学阶段的重要使命　/136

好导师，会对孩子起到点石成金的作用　/138

孩子如何处理人际关系，父母一定要耐心教　/141

大学毕业，不是学习的结束，而是新的学习的开始　/144

让儿子培养兴趣爱好，主要是让他的生活多一些乐趣　/147

在那厌见的表情之后，同样是世事美好的娇容　/149

学会对琐事做减法　/152

抽时间给孩子讲讲家族的历史　/154

黑发不知勤学早，白首方悔读书迟　/157

我做到了与妻子的和谐，但忘了与儿子的和谐　/160

孩子的成长，是一个不断放手的过程　/163

爱是传承，是一代接着一代　/166

后记　/169

第1章

初始教育：
让嫩芽破土，让心灵开窗

从"道歉"开始（一）

作为儿子，我一直认为我的父亲是一个不称职的父亲；而作为父亲，在我看来，自己也是一个不合格的父亲。

儿子和我们夫妻俩的关系一直是紧张的，用他自己的话说，他是我俩打大的，而不是养大的。面对这样的说辞，妻子照例是恼怒的，而我选择沉默，我不想又一次陷入一家人的吵闹之中。在这样的吵闹中，从来没有谁赢过，有的只是让人对生活的无奈与哀叹。

儿子大学毕业，并没有如他所愿去外地工作，而是在我们的坚持下，选择回到我们所在的城市工作。从这里可以看出，在他那执拗的外表下，是对我们的妥协与退让。他是一个好孩子，只是我们对他的教育出了问题。

虽然在同一座城市，但他在单位宿舍住着，很少回家，一般是我们叫他，才回来一次。我们和儿子之间，总横着一个梗，阻隔着我们之间的爱。

晚饭后我有散步的习惯，儿子从来没有和我一起散步过。那天，他刚好在家，我出门时特意叫了他。看得出来他的不情愿，但他破天荒地和我一起出门了。我想着，该对他说些什么。

家门口是植物园，我能清楚地记得很多植株在不同月份的模样，但我对儿子的记忆，只有他每次惹我们生气时的语气与表情，这或许能说明我对儿子的关心有多么欠缺。

园子是安静的，尽管也有很多散步的人，但那些踩在园区路上的脚步，并不能发出多么喧闹的声响，只有偶尔一两个背着随身听音响的老头走过，播放着一些老旧的歌曲，飘荡在安静的空气中，那是对美好过往的一种回忆。

儿子是沉默的，我也不知从何说起，问了一些他单位的事，他只是"嗯、哼"地应付，走得比我快，有时能感觉到他故意放慢的脚步。夜色是灰黑的，有路灯亮着，但比较稀疏，所以光线也是一处暗一处亮，树的整块的黑影在路上，这是今天即将逝去的印记。

"对你的教育，我们是有问题的。"

儿子没有搭理，迅速地瞟了我一眼，又望向别处。

"我和你妈那时太年轻，还不知道怎样做父母，我们只是把我们的认知强加在你身上，但请你相信，我们所做的一切的出发点，只有一个，那就是希望你比我们过得好。"

"好就是吼和打吗？"儿子的语气有些生硬地问道。

"你是我们初做父母的实验品，如果还有一个小孩，情况就一定不是这样，也请你原谅我们曾经的年轻。"

儿子没有接话，我说出这些话以后，突然觉得好似身体放松了下来，一直沉沉地背着的一个自己也不知的包袱，终于卸下了。或许这个请原谅说得晚了些，但说出来，也是对自己的一个交代。无论儿子以后怎样变化，作为父亲，我想，我也只能渐行渐远地看着，优秀与不优秀，成功与不成功，他都永远是我的儿子，我只是希望他能幸福而快乐地在这个社会上生活着。

从植物园出来，站在门口的广场上，天似乎离地很近，夜月平和而圆润，就挂在抬头可见的地方。想起他上初二时，也是这么一个圆月夜，因为争吵和打骂，他跑出了家门，我和妻子半夜在路上焦急地寻找，恍若昨日，时间过得真的好快。

从"道歉"开始（二）

如果说我给儿子道歉，是放下了心结，那么我多希望有一天，我的父亲也会对我说类似的话；但我知道，在父亲的认知里，他一直是对的。

每次回家看父母，和父亲总说不上几句，大多是和母亲拉家常。父亲永远是一个严肃的存在，那从来没有见过笑容的一张阴郁的脸庞，那说话不容置疑的生硬的语气，那讲起新闻时的如数家珍，那讲起电视连续剧时的刻意想象，都让我印象深刻。在父亲的思维认知里，是清一色的电视的内容，或许只有在这些内容里，他才给自己建立了一个不再孤寂无聊的世界。他对子女是苛责而严厉的，对电视剧中的主人公却充满了更多的理解与情愫，常常为了一个导演故意设置的冲突而愤怒与不平。那时我看他的目光是复杂而感伤的，他真的老了，老得只有在虚拟的世界里，才能找到自己情感的触发与排遣。

我很少看电视，不是忙，我也有大把空闲而无聊的时间要去打发，但我不会选择用看电视的方式，一半是因为电视内容很无聊，另一半是因为那是父亲的方式，他的方式，在我的认知里，是一定要反对的。

很多时候，我会把自己性格上的缺陷归咎于他。虽然我知道这是不对的，但我仍然很难改变自己这早已形成的思维定式，仍然固守着对他一成不变的看法。在这样的思维中，我其实从来没有原谅过我自己，我在被一种更为不现实的思维左右情绪、消耗时间。

父亲是老了，但脾气还是那么大，动不动就骂人的习惯越发固执地跟着他。子女都大了，他骂的对象只是母亲，由于没文化，他骂的都是粗话，让人很难听得下去。母亲或许已经习以为常，就随他骂了，而每次我回去，听见这样的话，免不了要说他几句，就惹得他更生气了。有时，我说几句，他也会稍停一下，但过后照旧如此。我常常想，母亲是以怎样的心性来面对父亲这样无厘头的情绪和坏脾气的？我为母亲深深地感到难过，为有这样的父亲而沉默。

我多希望，父亲能改改他的坏脾气，能意识到他的错误，对母亲、对子女，能有一个好的改变。只是他老了，他不会去改变了，需要改变的，应该是我，他的儿子。

我应该重新去审视他的脾气、他的性格，原谅他的所作所为，真正地改变我对他的认知。或许,需要道歉的,是我!是我对他这么多年的脾气性格的纠结,只有这样,我才能走出我对父亲的怨恨与迁怒,不再活在父亲坏脾气的影响之下。

有一种流行的说法,是原生家庭对一个人成长的影响,我没有做过调查与研究,也就不便对此发表评论。我只想以我的成长和我儿子的成长,来描述一个父亲成长的心路历程,借此,想让年轻的父亲能更好地与自己的孩子相处,减少父亲与孩子的对立与互怨。很多时候,成长是付出代价以后才明白的,希望后来的人,不要再去走这些弯路。

我是父亲和儿子的交点

儿子的出生,并没有让我有初为人父的惊喜。那天,我还在单位上班,家里来电话,说孩子出生了,让我请假回家。此时比预产期早了大概一周。

在产房我看了一眼孩子,包在一大块红布里(估计是农村的讲究),红色而皱巴巴的皮肤,毛茸茸的,小小的一点,听母亲讲有六斤多重。看看现在,一米七几的身高,所以说时间在自己脸上刻下皱纹,也是理所当然的事。

何以为父：一位教师爸爸18年的教子反思与感悟

  农村重男轻女，母亲说是男娃时满脸的高兴，而我并没有什么感觉，男孩和女孩其实都一样，只要妻子平安就行。我看着躺在产床上的妻子，虚弱而面露微笑，她该有初为人母的喜悦，毕竟是从她身上掉下的一块肉。

  我只在医院待了半天，下午就匆匆地赶回单位，挣钱是穷人家的头等大事。谁知，下午到单位时，单位已放假，以前也偶尔放过，这一次却是永远地放了。那时国企"下岗潮"是一个热词，我记得是如此深刻，儿子来到世上的第一天，我和妻子都下岗了。这一天是一九九八年农历九月十八日，阳历十一月六日。

  不知道我出生的那一天，父亲是怎样的心情，想来他应该和我是一样的，没有什么感觉。在电影与电视剧里，孩子出生时，父亲站在产房外的那种焦急与渴盼，那份溢于言表的激动，和自己做父亲的心情，竟然相去甚远。

  我出生时，父亲才二十二岁，那么早有的小孩，你想他能有什么样的感觉，自己觉得自己还是个小孩，就为人父了，那种不谙世事的心态，还得在社会上漂荡好多年，或许才能明白做长辈的含义。遗憾的是，父亲从来没有出过我们那个村子，在那一方小天地里，他把自己当作地里的庄稼一样，变成了只属于那个地方的一道风景。

  我的命运注定是漂泊的，离开了国企的"大锅饭"，走向陌生的城市，走进陌生的行业，在不断变换面孔的私企和学校里，寻找着自己的位置，挣一份微薄的工资，肩负着一家人的吃喝穿戴。在我的心里，从来没有什么安全感，有的是不断飘出的想法，或想想作罢，或受情绪的使然做出换工作的决定。我静不下来，如河流上的浮渣，一路飘荡。

第1章 初始教育：让嫩芽破土，让心灵开窗

父亲对我是种种的不满，总在母亲面前说我做事不诚实，在我面前却很少说，他知道我对他有意见。他常向人道的，是他会多少手艺。在我看来，学会一门手艺易，而学好一门手艺难，他的所谓的多手艺，是无手艺，没一样精通的，就只能给别人打打下手，却挣不到钱。有句老话，"艺多不养人"。或许是我从来都不愿意站在他的生活环境中去想问题，而只有对他把家过得这么穷的嫌怨。

我不愿走父亲的老路，却走了一条更为极端的路，那就是什么也不学，只想靠自己手中的这张大学文凭而在社会上混饭吃。现在满大街都是有文凭的，混得艰难也是理所当然的事。

人总得在社会上学一技之长，比别人长，比平均水平高，如果再能优秀或拔尖儿，那就一定能在社会上有一席之地；受制于社会的，往往是无所学，或学无所长。我和父亲在社会上的处境，其实完全一样，我所依赖的那张文凭，充其量只能是"敲门砖"，进得门来，还得看能力大小。

儿子工作了，但他下班后就沉迷游戏，我再三劝说，希望他能在年轻的时候多学些东西，学点真正能让他有竞争力的东西，而他一边听着，一边打着游戏。这种说教的无力感，令人疲惫。

我和父亲走过的路，不想让儿子重复走，只是我该以怎样的方式，才能让他明白我的焦急呢？或许每个人都有属于自己的路要走，即使是父子，也在走着不同的路；可是，我回头去看，似乎我走的路就是我父亲走过的路，无非换了一个方式与场景而已。我仿佛是他们两个人的一个交点，在这个点前与点后，又该是怎样的人生轨迹呢？

何以为父：一位教师爸爸18年的教子反思与感悟

儿子满月时，我不在家

儿子满月时，我还在外地工作，这一个月是妻子与母亲看护的。听妻子讲，儿子总是半夜啼哭，母亲用了农村迷信的手段，焚香烧纸钱，或许是那火光的光亮，在孩子眼里产生了某种反应，反正当晚总是能好些，可过不了几夜，又是如此。

我想起奶奶在世时，总是被有小孩出生的人家叫去看月子，人老瞌睡少，可以抱着小孩，一边摇晃，一边哼着自己也说不清的小曲，然后小孩会慢慢睡去。

奶奶大概哄小孩是有经验的，本村、邻村叫她的人挺多，什么夜里惊哭、吐奶、不睡觉的，她总有办法，这大概如同现在月子中心的照料一般。

奶奶是爱小孩的，或许与她生了好多个，只成了两个有关，一个是父亲，另一个是姑姑。她也常说想抱上重孙（我的小孩），而且迷信地说，抱上重孙，阎王迎进门。大意是自己在人世间是有功劳的。然而，儿子出生前一个多月，她竟然走了。如果她能再等等，我想她一定会让儿子晚上依

第1章 初始教育：让嫩芽破土，让心灵开窗

偎在她身旁，安然地入睡。

作为父亲，这段时间，我是缺位的，我想绝大多数父亲恐怕会和我一样。不久前在书店翻书，看到一个人写的父亲的育婴史，才知道，父亲完全可以做得更细致入微，但他的书里，没有更进一步的阐述。我从奶奶生前的好多讲述里，可以得出一个简单而未经验证的办法，那就是光线与声音对婴儿的刺激与帮助。

农村未满月的孩子的房间，总是遮得比较严实，一方面可能怕气温变化对孩子与大人身体产生影响（这是条件比较简陋造成的），另一方面是遮光，过强的光线可能会对孩子造成不适，究竟光线度是多少才最为适宜，我也不清楚，希望专业人士能给予解释。

声音对孩子的影响，可以从孩子听小曲儿的变化看出端倪，所以能否考虑创作一些更为简单而舒缓的适宜婴儿的音乐，作为对婴儿成长中的一种帮助？是否有人有基于此的研究和发现，为孩子提供更为专业的看护及某些智力上的影响？

农村过满月是喜庆的，毕竟是家里添了人丁，预示着一个家族后继有人。亲朋好友邻里，要给小孩脖子上挂红绳扎的折好的钱，取吉利富余之兆，还有就是取用红绳把孩子拴住能长命之意。我没有看见儿子脖子上挂满祝福的模样，我连这样的祝福也只在心里默念，没有具体而实在的表现。那时我在城里工作，吃了上顿没下顿，生活比较困难。所以父亲嫌我没有回去，也没有给家捎钱的怨气，让我知道后，和他的对立就更进了一层。

我相信，在我过满月时，父亲一定是在家里忙里忙外的，但我作为一个穷人家长大的孩子，始终觉得肩上有一副重担要去挑，要去面对更为实

际的问题，那就是挣钱，让孩子和家人有钱可花。纵使我在孩子跟前，如果两手空空，又何以面对？

但我现在的想法却是，挣钱是一个永无完结的时态，假设能回到过去，那些孩子的重要时刻，我希望能和他在一起。父亲的怨气里，有我渐为理解的情感，只是很多时候，我很难直面这种理解，我总是以一个和他对立或叛逆的模样，存在于他的视线里。

百天象征着百岁，百岁是晴空中的哨鸽

孩子百天的时候，按农村的旧俗还是要热闹庆祝一番的。孩子的舅爷与舅婆要给孩子挂长命百岁锁或长命百岁牌，那做工精致的物件，绝大多数是用银做材料打造的。记得很清楚，我小时候就有这么一块银牌，上面挂满了小铃铛，在脖子前一晃一晃地响着，上面还有字，是"长命百岁"。后来不知道丢到了哪里去了。

儿子的舅家比较远，百天并没有来人，他脖子上挂的还是红头绳，照旧下面绑些折好的纸币。那天我在家，和妻子一起去了县城的照相馆，拍了儿子今生第一张照片。大红的底色，儿子穿着厚厚的已褪去颜色的衣服，

半爬着，仰着头，脸很圆，胖乎乎的，黑溜溜的眼睛特别有神，向正前上方看着，实际上他并不胖，但眼睛确实很美。我们一家三口合照了一张，妻子和我都是清瘦的，我原本就瘦，而妻子原本是有些胖的，也是圆脸，照相时却瘦了那么多，看着让人心疼。

我舅爷家原本是大户人家，虽然后来变穷了，但他给我挂的银牌，仍然是那么精致而华美。这块银牌是我最早的记忆中的物件。

舅爷是有文化的人，上过省城的大学，进过黄辅军校，毕业留在国民党部队里，后来国共打仗，他偷跑回来了，做了学校的老师，又兼学医学，成为方圆几十里的名医。他走的那天，我还去看过他，他说自己熟读四书五经，却一辈子一事无成，老死乡下。这个话语，时时响在我的耳边，然而我依然是一事无成，但我不甚遗憾，因为我知道自己的懒，知道自己的不聪明，还知道自己一无所学，所以能有一碗饭吃，也就可以乐呵呵地虚度下去。

舅舅在高校任教后又从事管理，时常发牢骚，对自己现状不满。舅爷活着时，对舅舅是这么说的，"你得问问自己肚里有多少墨水，你得看看你笔下写的字有多么放不到人面前去，你就知道不是工作对不起你，而是你辜负了工作"。

舅爷八十多岁去世的，走时头脑依然清晰，舅婆活了近百岁，走时身体仍然硬朗，她是大家闺秀，其家世比舅爷家更为显赫，一辈子与人无争，只埋头于自己的家庭琐事，无论贫富，都是一如既往地淡然面对。对于儿子，我多想他能有我舅婆的心境，能有我舅爷的博识，只是不要有他们坎坷的命运。

家庭环境的使然、物质条件的改变，都会对一个人的成长产生难以估量的影响，当然，社会的变化、各种偶然因素的制约，也会深刻改变一个人的生命走向。人大概只能去改变能改变的，接受不能改变的，在不确定的人生迷局中，让自己少些遗憾。

我最早的照片，是初中毕业证上的照片，和父母最早的合照，是有一年父亲过寿宴时拍的，但头脑中的画面却不少，都和贫穷辛劳有关。如果有一天我都忘了，也便失去了所有的过往，即使留在照片或某些物件上，也一样地或丢失，或被更后来的人当作陌生的物件而遗弃。重要的或许就是现在，珍惜与父亲的相处，珍惜与儿子的相伴。

百天象征着百岁，百岁是晴空中的哨鸽，哨声远远地传来，又远远地离去。

抓周是一种期望，别太当真

对儿子职业的期待，是想他能成为一名科研人员，或退一步能成为一个普通的技术人才。出发点只有一个，那就是尽量和客观的数据打交道，少和人事纠缠。在自己的意识里，和人打交道最累。

第1章 初始教育：让嫩芽破土，让心灵开窗

我不知道父亲对我的职业有过预期没有，以他待在农村小天地里的视野，大概最好的期望是我能吃饱饭，身体无恙吧。反正他没对我说过任何有关职业前景的话，而这样的话语，我却对儿子不知讲过多少遍，结果却是惹得儿子讨厌而不去听。

父亲经常挂在嘴边的话是，做人要善良。我常对儿子讲的是，做人要敬业，努力到不留遗憾。关于这些话的讨论，我会在后面做更为详尽的叙述，在这里我只想先提及这些影响职业发展的口头禅。

抓周是小孩一岁时，家里人对孩子职业的第一次有意识的预期，虽然多少带有迷信的观点，但作为父母，总是有一些良好的期望。

儿子抓周的时候，我没在家，是母亲操办的，放了算盘、笔、书、钱和扫炕用的笤帚。听母亲讲，孩子先拿了书，后一直在拨弄着算盘。这些具体的物件，到底有什么样的职业寓意，农村人也没有明确的说法，大致是算盘预示着财务，笔和书预示着文化人的体面，钱可能是商业，笤帚就是体力劳动了。有时也会加更多的物件，摆在小孩面前，看他去抓什么，不一而足。简单纯粹中蕴含着长辈们深深的祝福。这些祝福，虽不免染上一丝古朴的迷信色彩，却如同晨雾中的第一缕阳光，朦胧而温暖，照亮着对孩子未来人生的模糊而美好的期待。

儿子的职业，岗位和财务没有什么关系，大学学的专业是自动控制，也没有按我的预期成为一名技术人员，所有对职业的最后选择，夹杂着更多的社会的客观因素，在不断调整一个人的预期中落在某个具体的岗位上。

早上读书，看到有一个人是这样写的，一个人无论学什么样的专业，进什么样的行业，做什么样的工作，最终一定是自己的能力与欲望的综合

体，一定会落在他内心深处最想成为的那个职业上，与钱财和社会地位都不会有多大关系。可实际情况是，绝大多数人终其一生，并没有真正听从过自己内心的声音，而在世事的嘈杂中，按别人想要的模样活着。作为父亲，我对儿子职业的发展，可能就是这种嘈杂吧，我有时也很困惑我对他的教育，但我总忍不住想按我的理解指导他的人生。

母亲说我抓周的时候，抓的是一本书，那话语里带着潜意识中所要的美好，父亲却从来没有对此说过什么，他对迷信有一种很自觉的反对，这个反对的基础来源于什么，我不得而知。对迷信我也是不相信的，但我从来不反对母亲对迷信的虔诚，父亲则是恼怒地斥责母亲的迷信行为。对父亲的这种行为，我是反感而厌恶的，我好像始终想站在父亲的对立面去想问题和处事，但在这一点上，我不是这样，在我看来迷信固不可取，但虔诚总是应该有的，人得对这个世界存有一颗敬畏之心。

我并没有成为一个抓周时预示成为的文化人，更像一个商业的小贩，疲于奔波，日复一日眼前的苟且。虽然我很喜欢书，也喜欢读书，也想自己写书，然而我毕竟没有这样的天赋，过去还有些嫌怨命运的不公，现在却是心安理得地接受自己的平凡，只想能多挣些钱，不至于老来处境凄凉。

不知道父亲抓过周没有，想来肯定是抓过的，奶奶在世时，我没有问过她，而面对父亲，我是不敢问的，这些突然想到的生活细节，只能漠然于时间的荒芜里。

第 1 章　初始教育：让嫩芽破土，让心灵开窗

真正的陪伴是呵护与爱

儿子周岁不久，我在所工作的学校给妻子谋了一个图书管理员的岗位。回家带妻子出门时，母亲抱着儿子和我们招手作别。

预想中，小孩是要哭闹的，然而他并没有哭，母亲拉着他的小手，和我们再见，他的脸上是童稚的好奇，而妻子的脸上，则挂满了泪水。那一幕，我记忆犹新，就在家门前的小路上，就在那个深冬寒冷的清晨。

儿子从不认生，家里来人，谁抱他都不哭闹，不像有些人家的小孩，离了母亲的怀抱就要哭个不停。我不知道，这是天性的使然，还是另有别的因素。

后来孩子稍大一些，家里忙农活，妻子把孩子送到娘家，孩子也是第一次去他舅爷家，而且妻子送到的第二天就要回学校上班。丈母娘怕孩子哭闹，在妻子出门前，把孩子抱到了别人家屋里，等妻子走后，再抱回来，哄小孩说妈妈给他买糖去了。儿子却说，妈妈走了。说完自顾自地玩着，晚上睡觉时，却不让丈母娘家关院门，说妈妈要回来的。

何以为父：一位教师爸爸18年的教子反思与感悟

妻子整整陪护了小孩一年，儿子晚上从不好好睡觉，总要人不停地抱他上下跳动；学会爬的时候，看着向前爬，却总是溜到后面来，一晚上，不停地溜来溜去。有时候妻子睡着了，孩子会爬到炕沿边跌落到地上，整个晚上就会闹腾得哭个没完。现在儿子已经长大了，晚上还是睡得很晚，总是打游戏打个不停，无聊地打发时间。而我的劝说与教育或沟通，也大致没有效果。他缺乏一个真正能让生命有价值或称为意义的人生方向，这个作为父亲的我无法给他，只能靠他自己在人生道路上感悟与寻觅。作为父亲，我到底能做些什么呢？难道非要等他如幼儿时跌落炕下才能明白那跌的痛楚与改变的可能？

儿子直到六岁上小学才和我们在一起，其间都是聚少离多。这种距离上的疏离，也带来了情感上的淡漠，我的父母陪他的时间多，所以他和老人的情感更为浓厚。作为父母，我们有不得已的现实的窘迫，但作为孩子，父母的陪伴，却在某种程度上，是必需而应该的。

我是一直在父母身边长大的，虽然有了妹妹以后我和奶奶住在一起，但一家人还生活在一个院内，天天都看得见，即使闭着门窗，也能听见说话或吼叫的声音。但我和父亲的情感却一直很难建立起来，他让我听见和看到的，都是面对生活无奈的怨气与脆弱，他没有让一家人感受到生活的和谐、对现实的坚强、对生存状态的坦然与乐观，生活总是把他打倒在地，让他充满对生活的妥协与抱怨，让一家人，特别是他的儿子，看不到生活的美好与希望。明白这样的道理，是多么痛苦的漫长时间给人的领悟。

时间上的陪伴，或许只是一种形式上的表现，而内在的陪伴，那种对家人与小孩的呵护与爱，可能才是一切美好生活的源泉。

人都有脆弱的一面，父亲作为爷爷与奶奶的老来得子，当然受到了更多的宠溺，加之又是一副瘦弱的身板，在农村繁重的体力劳动面前，或许已让他身心疲惫不堪，况且家中一贫如洗，常常为几块钱还要向别人去借，而孩子又多，他能坚持下来，或许已实属不易。我在怨悔父亲的同时，何尝不是对生活的不易感到无奈？

今日白露，滴露为秋，在时间的长河里，一切人生的苦难，又算得了什么，还不是轻轻太轻轻。

玩具是孩子探索物质世界的开始

对玩具概念的再次理解，是近几年的事。以前看到它，只认为是两个抽象的汉字；再深一点，可能理解为某个无用的物件；现在再看到这两个字，却有着极为复杂的情感。

自己小时候根本没有玩具，捏泥巴、丢沙包、折纸面包、踢毽子倒是有的，要把这些和玩具对应起来联想，却是一件费力的事。但我能记得为这些活动所付出的热情与努力，尤其令我难忘的，是一起的玩伴和当时的热闹场面。

何以为父：一位教师爸爸 18 年的教子反思与感悟

我应该没有为儿子买过任何玩具，在我当时年轻的思维中，玩，本身就代表着退步，代表着对时间的不珍惜，所以尽管儿子很小，我也绝不为他买玩具。他不多的玩具里，有小汽车、小手枪、小金刚，这些都是亲戚为他买的，我对此不屑一顾，甚至有些嫌怨亲戚的多此一举。

儿子对玩具是痴迷的，睡觉时都要把他的玩具放在身边，生怕一不小心玩具会跑丢了一样。他常常一个人坐在那里，摆弄着他的玩具，那份认真与忘我，如同他现在对游戏的痴迷。

他的玩具总是完整不了几天就被他拆得缺这少那，有时好好的玩具，拆不开，就狠劲儿地往地上摔，如果我看见了，总要斥责他。

直到他上初中的时候，在他的床底下，还放着一大盒拆得零乱的玩具，也总会看见他把那些乱糟糟的东西摆在他的床上，翻翻这个，又摆摆那个，那种对玩具的迷恋，仿佛和玩具之间有更为深厚的情感，有彼此之间无声的诉说。

作为一名数学老师，我在给学生讲解几何图形的相关知识时，想到了堆积木，想到了那些规则或不规则形状的玩具。从学生的表情里，我能看出他们理解深浅的不一，这时我想到了玩具作为孩子认识世界的一个重要途径，可以增进孩子的感性认识，那种具体而直观的几何体，那种带着各种颜色的玩具，真的，能够在小孩与世界之间建构起富有意义的关系。

那丰富多彩的各式玩具，可能就代表着孩子从不同角度和色彩对这个世界的感知，那种潜移默化的影响与塑造，是任何说教的知识都难以达到的。遗憾的是，明白这样的道理太晚了，想想自己以前面对儿子玩玩具时那恶劣的态度，恨不得给自己一个响亮的耳光，让自己在这样火辣辣的痛楚中，减少些懊悔的自责。

儿子的玩具现在还在他床下的一个盒子里。妻子有一次打扫屋子时让我把这些都扔掉。我说留下吧，那是儿子童年所有的乐趣所在。还有另外的原因，算是对我自己的一个提醒吧。

有时，我也会想，人生就是玩玩这、摸摸那的过程，玩够了，摸厌了，也就该走了，哪有那么多严肃而非常有价值与意义的事让自己去承受与经历呢？活得轻松一点，才是对自己的善待。我想起金庸先生的一句话：人来到世上，就是大闹一场，然后悄然离去。

"玩具"一词，仅因为一个玩字，一个自己对人世间事的认知的缺陷，竟误导了自己这么多年，想想，也着实可悲。

希望有一天，我能和儿子把那些落满尘土的、残损不全的玩具都拿出来，摆在地板上，一起玩耍。

一岁到三岁是孩子说话能力培养的关键期

直到现在，儿子也是拙于表达的，这当然与很多因素有关，也并不是说拙于表达就不好，但至少在和人交往的时候，特别是第一次，会给人不好的印象。儿子毕业应聘工作的时候，就给了他一个很大的教训。

　　这里我只想先对语言的起初发展给予交代，至于表达后文我再做简单叙述。和绝大多数小孩一样，儿子在一岁左右会简单发音，第一个明确的发音是"爸爸"，而不是日夜照料他的妈妈，大概是由于爸爸的发音更容易，人总是遵从一个从易到难的认知过程，儿子也不例外。

　　儿子一岁多的时候，妻子随我外出工作，儿子便由我的父母照顾。这一阶段，是语言开始建立的时期，应该多和孩子交流才对，要引导他对各种发音进行模仿与学习。然而当时家里的情况是：地多，父母总是忙于地里的庄稼，天亮出去，天黑再回来，中间固然要回来吃饭，也是急匆匆地做，吃了就往地里赶，儿子一直被母亲带在身边，放在地头，一个人在那里玩。大多数时候母亲怕他有什么闪失，总是用绳子把他绑在架子车上，让他的活动范围有限，他有好几年是这样看着母亲劳作的身影的。虽然他已记不起那时候的事，但他对劳动的厌恶却是一直存在的，很难说得清这样的经历对他劳动意识有多少影响，但一个人厌恶劳动，却会对他以后在社会上做事形成很大的制约，而且极容易懒惰，马克思对劳动更为精辟的定义是劳动创造了人本身。

　　同样是母亲带小孩，弟弟的孩子却非常喜欢田间劳动，仿佛那是一件特别令人开心的小孩子的游戏，这样完全不同的结果，真让人不知做什么样的分析才好。有一点是确定的，弟弟的小孩出生时，家里的农活已经很少了。

　　等父母忙完地里的活回到家时，身体早已疲惫，哪还有更多的时间陪小孩说话。多数时候，儿子还醒着，父母早已困倦得睡着了。这不是父母

第1章 初始教育：让嫩芽破土，让心灵开窗

的错，一家人的吃穿用度，就在那一片片庄稼地里。

我小时候，大多数时间是由奶奶带的，父母在田间劳动，奶奶则给我讲东讲西，也会带我和邻居家的孩子去玩。这些记忆，是我稍懂事后的记忆留存，推演一下，大致一岁到三岁的光景是这样度过的。我之所以把一岁到三岁列出来，是因为固然绝大多数小孩记不起这段经历，但我总觉得这一时期对一个小孩来讲，至关重要。

我从小就话多，也自认为讲得好，但生活的阅历告诉我，其实我也只是话多，讲得并不好，甚至常常因为言多有失而招人怨恨，为自己惹了不少是非，无心之语常常化作祸根。人世间的事情，很多时候在于会说话，这个"会"字是那么重要。我常常想，儿子话少，也是一种优点，只是他说话时的声音偏小，也不敢直面讲话的人，那种胆怯与不自信，或许才是真正要改变的。

父亲也是一个话多的人，但只在私下里讲得云里雾里、滔滔不绝，面对众人，却往往无话。我是人少人多都敢讲，却多是自讲自的，别人都不大感兴趣。儿子却在什么场合都少讲甚至不讲。学说话的经历，与这些会有什么样的联系呢？

再好的父母，也代替不了伙伴对孩子的作用

伙伴是孩子成长过程中很重要的角色，再好的父母，也代替不了伙伴在小孩心目中的地位与作用。

我小时候，能一起玩的人多。在家可以和弟弟妹妹玩，出门同龄小伙伴也多，总是贪玩得忘了吃饭的时间，让父母在村子里到处喊着名字找。

和弟弟妹妹一起玩，没意思。总认为他们太小，自己是一个大小孩了，大小孩有大小孩的玩法，和他们不在一个级别。但常常有很多时间，只能待在家里玩，弟弟妹妹就成了不得不在一起玩的伴了。我比他们大，所有的活动都得听我的，我也总有优先权，甚至有按自己想法改变活动规则的权利，他们要是不听，可以命令他们，也可以动手打他们。常常有弟弟妹妹哭着在父母面前告状的时候，但更多的时候，是我让着他们，毕竟我大，大就得起表率和带头作用。有好吃的，得让他们都有份或多吃点，有什么家务活，我得先做，发生矛盾了，我得偏向更小的，这是一个大小孩理所当然的理解。所以直到现在，弟弟妹妹家里有什么事了，我还总是要参与

第1章 初始教育：让嫩芽破土，让心灵开窗

进去，提意见，或决定怎么做，有时自己说得也不对，但总是忍不住要去指手画脚地安排。

和弟弟妹妹一起玩的经历，让我有了责任感，也有了凡事得先考虑一下别人的原则，知道谦让和分享，知道不自私才是基本的处世之道。

儿子是独生子，家里凡事都以他为中心，所以养成了自私的心理，做事时缺乏为别人考虑的同理心，也不懂谦让和分享，这大概是独生子女的通病。如果条件允许，我还是建议一对父母，至少有两个孩子，有好吃的、好玩的，可以争抢、可以谦让，在这个过程中，学会竞争与适度妥协，对完整性格的形成很有裨益。

村里小孩多，我在和同龄小伙伴玩的时候，总是一大群小孩在一起，玩得最多的，就是模仿电影里的战争片，把小孩分成两派，一派是解放军，一派是日本兵，每派里面也得有分工，谁做领导、谁做军师、谁做小兵，打仗总要有输赢，无论怎样，日本兵的一方是不能赢的，所以大家都不愿意当日本兵，只能轮流，这次你们当，下次我们当。有时摔跤，有时拿着玉米秆当刺刀拼，有时藏起来抓秘密力量，有时也会玩讲故事，看谁讲的故事吸引人，有时会和邻村的小孩们开火（扔土疙瘩），有时会去偷村里的豌豆角或西瓜，有时也会一大群"光屁股"在村前的小溪里比游泳。总之，这样的时光总是美好而令人怀念的。在这样的过程中，让我知道了分工的存在，知道了和人比拼时要有勇气与技巧，知道了要服从领导的安排。想想自己对很多社会组织规则的理解，其实就藏在这样一群小伙伴的嬉闹中。

上学以后，慢慢交往了很多同学，有邻村的，有邻乡镇的，有邻县的，到了大学，同学又几乎来自不同省份，伙伴的圈子，就这样一层层地向外

扩展开去。他们带给自己的，是不同的人生境况与社会阅历，丰富着自己的人生体悟。

相比较而言，儿子就很少有这样的玩伴，小时候他生活在村里，小孩已很少，缺乏小伙伴们一起玩耍嬉闹的乐趣。他的童年都是和大人在一起，有时，我会为孩子拥有这样的童年生活感到不幸，但这是他成长的环境，作为父母，我们能做的，就是多带孩子出去，让他多和别的孩子一起玩。

儿子上学后开始有了伙伴，就那么三个人，从小学、初中、高中到大学毕业，还是他们几个人。我很难理解儿子这种与人交往的能力，或许是学业压力的缘故，让他没有心思交往更多的人，又或许是现代网络的发展，让他的注意力更倾向于虚拟世界的玩乐。但我还是认为，只有在与人面对面的交往中，才能让自己的性格得以更好地完善与发展。

我的父亲没有离开过这个村庄，所以他的伙伴都在这个村子里，很难说他们对父亲性格有多么重要的影响，在我看来，村里和父亲一般大的人，彼此性格都很相像，区别只是细节上的。现在村里和父亲一般大的人，已经很少了，天气好的时候，能看见他们几个老头蹲在一起，或抽烟，或打牌，或有一句没一句地闲谈，斜阳投射在他们身上，就在那一片光影里，他们仿佛已完全融为一体。

第1章 初始教育：让嫩芽破土，让心灵开窗

让孩子从第一步就学会好好走自己的路

　　一个人长大以后的走路姿势，可能和小时候学走路有关（残疾除外）。对婴幼儿来讲，农村的说法是三翻六坐九爬步，周岁基本扶墙走。这里的三六九指月，即三个月学会翻身，六个月学会坐，九个月学会爬步，一岁的时候，大概可以扶着东西慢慢走了。

　　步子踉跄是肯定的，总让人忍不住想去扶他，但其实越扶越走不好，会使孩子产生依赖心理，一旦放手又不敢走了。跌跤再正常不过，哭也是正常的，除非真跌得比较严重，才需要安慰和鼓励，否则，最好是让他一遍又一遍地去走，去跌倒，再起来，再走。

　　走得稳当了，熟练了，就必须对走路的姿势有所要求。这个过程，要持续很久。不好的走路姿势，如内八字、外八字等都是开始走路时孩子怕跌倒采用的一种自我保护的姿势，必须给予纠正，否则等定型了真的难以改变。

　　走路步伐稳健，则人的内心也稳重可靠。人们从一个人的走路姿势能

看出这个人是否做事沉稳、为人正派。

想一想父亲的走路姿势，竟然好像从来没有认真地注意过，没有优点，也没有缺点的那种吧。再仔细回忆一下，走路稍慢，身体虽不是很笔直，但也不弯腰驼背，不精神，也不萎靡，是走在人群中即刻消失的那种。

儿子的走路姿势不好，有点外八字，不是很严重，但仔细看，也能一眼看出来，所以他的鞋底总是一面磨得更破损些。他小的时候，我没太在意，等上学时才发现，再让他纠正，却怎么也改不过来，加之事又多，也没耐心陪他纠正，就成了现在这个样子。

孩子很多不好的行为习惯，小时候一经发现就要马上盯紧改变，否则最后总会让自己有点小遗憾。在这方面，我觉得对孩子的观察很重要，大多数年轻的家长没有这方面的细心和耐心，而更长一辈的人对孙子往往又比较迁就，一些不良习惯容易被他们忽略或视而不见。

如果无法找到更细致的原因和调整改变的时机，就想想村里人，他们在照料刚出生的小孩时，会把孩子的腿绑得直直的，说怕孩子腿长弯了，又不能绑得太紧，怕影响生长。孩子睡觉时，不能总一个方向，要过段时间把小孩的头翻转一下，说这样长出的脑袋能圆顺些，而且要多平躺，怕小孩后脑勺长得凸出。有没有科学的依据不知道，但讲究总是多的。至少我想在走路这一项上，还是需要多注意的。

我小时候的走姿很好，这是听母亲说的，后来上学不知怎么学别人搞笑的样子走路，竟有些直路走岔道了，变得别扭起来。看来任何时候只要想学坏，总是快的，而学好，则不易。

路是自己走出来的，怎么去走，走得如何，都是自己的事，但开始学走路，总要给予孩子指导，让孩子走得端正，走得明白，走得无畏。

儿时最早的记忆是什么

一个人最早的人生记忆可以追溯到什么时候？想想我自己，是三岁以前，具体什么时间不清楚了，只记得那次是自己得病了，被村里的一个老汉抱在怀里，他指着不远处的母亲问我，妈妈在哪里？我明明看见她就在我斜对面的屋门前，嘴里说的却是妈妈去地里干活了。那个人又问我奶奶在哪里，父亲在哪里，我都能看见他们，却说他们都到地里干活去了。那是一个傍晚的情景，听那个人说孩子是中邪了，先用土法子治治看。

我不知道，为什么这件事一直在我的脑海里，那个老汉，在我小时候就死了，埋进了土里，但他用土法子帮我治病的模样，问我家里人在哪里的声音，却还一直都在，都在老家的那个早已消失的院落里。

我到现在也不明白，那次我是真的病了，还是故意这样，看一家人为我焦急与忙碌。人生中也有很多时候，面对人与事，会说着连自己也惊异的话，做着事与愿违的努力。

儿子最早的记忆是什么，我问过他。他却说小时候有什么可回忆的，一脸的不屑。我心中的那些关于他的重要时刻，如周岁，第一次他妈出门离开他，第一次把他放在他舅家，那个完全陌生的环境……他统统不记得，就连在妹妹家，他手臂被烫伤，至今还留着一大块疤痕，他都不记得了。他能记起最早的，是母亲带他去走亲戚的热闹场景。我把他小时候的照片翻出来，帮他回忆，他还是什么都记不起，看着那些自己小时候的照片，呵呵一笑。

本来还想问问父亲，关于他的最早的记忆，但父亲的严肃总让人话到嘴边又吞咽回去。时间就是一条河流，从父亲那里算起，流淌到我这里，又从我这里，流淌到儿子那里，这三个人时间的加和，也只是河流中微不足道的一段，向前的追求，永远是没有尽头的疑惑。

一个人的记忆有深浅，也有很大的选择性。痛苦的人，往往记住了过往中丑陋的一面；快乐的人，却常常记住了生活中美好的一面。无论痛苦与快乐，都是结在一棵树上的果子，总有掉落的时候，时间只是帮它做了一个标记或绳结，挂在风里，随处飘荡。

儿子常对我说他记忆力不好，但在我的观念里，记忆力是可以强化训练的，对某一方面知识的记忆，只要有持续的训练，突破某个基础量以后，就一定能做到快速记忆，并且不易忘记。大多数人之所以强调记不住，是因为缺乏对某个量的突破，这种突破，需要坚持和重复做支撑。往往记忆力不好的，都是意志力不强的人。

对于生活中的往事，并不见得记住就好，或记不住就不好，遗忘可能和记得同样重要，都是人面对世界与过往的从容与坦然。记住能记住的，忘了已忘记的，如此而已。

大自然这种无声的教育，胜过一切说教和作品

人都是自然的孩子，只不过是借了母亲的身体来到了这个世上。之所以定下这样的基调，实在是因为自然在一个人的成长中发挥着无法估量的作用。

我出生的家门前，有一条流淌的小溪，那清澈的溪水常常召唤着我的脚步。那缓缓流淌的细流，仿佛谁的手掌，在轻轻地抚摸着我；那水中的游鱼，是我童年所有的乐趣；那水面上跑得飞快的螳螂，又是多么迅急，让人心生羡慕；那水中飘摇的水草，让我第一次读《再别康桥》中那句"软泥上的青荇，油油的在水底招摇；在康河的柔波里，我甘心做一条水草"，受到触动和心生美好。

最让人惊奇的可爱的小蝌蚪，长大了居然变成了那么丑的蟾蜍，让人有时不得不埋怨造物主的随心所欲。

还有那河岸的垂柳，远远的一抹烟色，总是第一时间告诉人们春天已经来临。夏天浇菜地时，那误随流水一路而来的游鱼，让人忍不住要去嘲

笑它的傻笨。那秋水有时候在河床的泛滥，那秋叶落在流水上的飘逝，那深秋时河边的一大片芦苇，那芦花飘摇的美丽，那冬雪来临时河水的枯瘦，一切有关河流的记忆，竟完全构成了我人生最美丽的心底画卷，任岁月如何更改，那份美丽与活泼，永远鲜活于心。

还有那夏夜的繁星，那拖着尾巴滑坠的流星，那飞来飞去的流萤，那摇着蒲扇乘凉的老人，那圆月的夜里，筛落过树叶投在地上的月影，那斑驳摇曳的画面，那凛冽的冬风，吹得窗纸呜呜作响的深夜，那飞雪覆盖下的院落屋顶以及田野的白茫茫一片，又是多么地令人难以忘怀。

儿子出生的时候，门前的小溪已经干涸，就连溪边的树木也被伐光，构建我人生第一认知的自然之景，于儿子已是换了模样。他更为牢固的自然记忆，是关于父母在地里劳作的场景，是那一片土地上的庄稼带给人的辛劳，而那绿色的玉米秆，那泛黄的麦浪，那结着一串串红绿的辣椒，那爬上架子的豆角藤蔓，那紫色的大而圆的茄子……所有的这一切，或许都没给他留下更为深刻的印象。他关于自然的记忆，要以哪种更为直接或隐秘的方式，在他心中占据重要的一席之地，作为父亲，我还不知道，但我希望他能尽早地让自然走进他的内心世界，在那里构建他的美丽花园。

我从小所处的环境，有一种自觉的对自然的融入，那时候没有电视，没有网络，也没有学习上的压力，有的只是自然的成长，是在大自然中的嬉闹与贪玩。及至当了学生，走上社会，又是从书籍中再次去认知大自然的无限与美好。因为所有的作品，都来源于人对自然的反应，那种得益于作品的诱惑，又让人对大自然从不同的心灵感知中得以接受，从而时刻塑造着自己的精神世界。这种不断地自我完善，让自己可以坦然地面对人世的种种遭遇与不顺，可以在残忍的现实世界里仍然保有一颗美好的向上的心灵。

现在的孩子，电视、电影、互联网上种种无处不在的视觉内容，在吸引着他们，学业上的压力在一级高于一级地胁迫着他们，成人世界的焦虑也在他们身边蔓延浸渍，对自然的疏离与忘却，就是理所当然的事了。然而这种钢筋水泥柏油路构成的城市世界，只能加重他们对世界畸形的认知。如果有可能，我希望所有的父母，能让孩子更为亲近自然，到田野里去，到大海边去，到沙漠上去，到不同风景的地方去，到夜晚漆黑的农村去，看夜幕、看秋月、听虫鸣。

大自然这种无声的教育，胜过一切的说教和作品。人来源于自然，也应当时时让心扎根在自然之中，不断汲取人生的营养，让心灵的河流永不枯竭。

名字，是送给孩子的第一份礼物

《道德经》第一章就是"道可道，非常道；名可名，非常名；无名，天地之始；有名，万物之母"。在我浅显的理解里，名就是一切开始的状态，那么，一个人的名字，也就象征着这个人将和这个抽象的文字及语音结合起来，从而去开始自己这辉煌或平淡的一生。

初做父亲，对名字的理解没有什么概念，认为无非一个代号而已，没必要那么费心思去取一个寓意深刻，又读起来顺口，还高大上的名字。农村叫狗蛋、猫蛋、猪娃，或者张三、李四、王麻子的多的是，还不照样在这个世界上活得和所有人一样。所以要给儿子起名字时，我说叫啥都行，自己一点也没有费心思，还是我妹妹说现在叫什么浩的多，叫什么宇的多，建议就把这两个字合在一起叫浩宇好了，家里人也都没有别的建议，儿子的名字就这么叫开了。

直到现在，我才知道自己以前对生活和家人有多么粗糙和不用心，固然有为生活疲于奔波的艰辛，但对生活的重视和讲究，以及对未来的乐观或称抱之以希望，总应该是有的，而我恰恰把这些都忽略了。我被物质上的贫乏打倒，自以为还读过书的，结果知识人应有的精神上的优越感已丢失得所剩无几，被生活的残酷压榨得几近麻木。

儿子的名字，正如妹妹所说，起的人多，也就显得普通，学业、能力、性格也再普通不过，普通没什么不好，但淹没在人群中的那种寂寥，却常常让我不得不去检讨我的粗心，审视我对生活该有的人生态度。

听奶奶讲，我小时候的名字中有一个堂字，和隔壁大伯家的男孩取的同一个字，但后来取掉了，因为听一个外来的人说，我之所以体弱多病，与名字中的这个"堂"字有关，可看看隔壁大伯家的堂哥俩，身体都非常强壮。而我取掉了这个字以后，身体也没见得就强壮起来，总还是小病不断，整天和药打交道，直到人到中年，还是常常离不开药，妻子说我就是个药罐罐，也正因为多病，便对人生的种种情况容易敏感起来，过得多愁而善感。

有时，我也把人生的失败归结为名字起得不好，这确实有些迷信，但看看现在的人给孩子起名，对生辰八字、金木水火土的五行缺补、所用字的偏旁部首、笔画多少、谐音、整体的寓意的讲究，让我不得不对自己和儿子的名字生起莫名的惆怅与失落。

可想想父亲的名字，志和坚连缀在一起，总该有些意志坚定的体现吧，然而他面对生活的艰难，常常脆弱得连母亲也比不上，除对家人无故地发火和愤怒外，就是一脸愁容地蹲在屋内的一角抽那呛人的烟叶，有时把他气得用头撞墙，那种为生活所败的模样，至今让我想起都难以接受，也从侧面教育了我，绝不会去学他的样子，让一家人为生活而担惊受怕，就是生活再难过，我都得让家里人看到我的努力与信心，看到我对生活的坚强与乐观，我不能让我的儿子看到一个父亲面对生活时的脆弱与无能。

对于取名字到底该不该讲究，在我看来，还是讲究些好，纵使这样的讲究没有任何的凭据和帮助人生发展的可能，但它总是一个人在这个世界让别人开口的声音，是专属于自己的不一样的体现，没有任何理由可以那么随便敷衍。作为父亲，那是送给孩子最为特殊的礼物，带着这个礼物，孩子便真正开启了自己的人生旅程。

何以为父：一位教师爸爸 18 年的教子反思与感悟

如何让孩子对待"迷信"

儿子对迷信的态度，比我更为强烈，这多少让我有些诧异，但想想他从小一直跟在我母亲身边，母亲时常地摆弄香烛和跪拜，确实对他小小的年纪产生了难以抹去的记忆。随着年龄的增长，他对迷信的态度依然有着某种程度的坚持，不强烈，亦不轻淡。我不解，学校的科学知识对他的影响，难道不比小时候的记忆更有用？

我也在母亲的身边长大，而且比儿子待得更久，一直到上大学才真正离开家，儿子六岁就随我们进城上学，这时间上的差异不可谓不大，那这样的影响又该做怎样的解释呢？

我对迷信的记忆，都是父亲遇到不顺时，在家里骂母亲敬神的无用，在父亲心里，可能从来都没有给神灵留有一席之地，或者在他的心里，我敬你香烛水果，你就得保我顺风顺水，如果有一点波折，那就是神灵无用，就是母亲敬拜的错误。

我小时候的注意力大多集中在玩上，集中在好吃的食物和好看的新衣服上，所以逢年过节，对母亲那一套烦琐的跪拜没有一点兴趣，只心急火燎地等着祭拜过后的吃和穿。母亲的迷信，属于她的世界，与我的玩闹有什么相关？唯一印象深刻的是，奶奶在我十二岁时的那年春节，让父亲杀了一只大公鸡，做成烧鸡，供在灶神爷纸像前，还让我和她一起叩头，说这是她在我一岁时许给灶神爷的供品——那时我常常生病，怕活不了，奶奶许诺灶神爷，若灶神爷保佑我长大，十二岁时就给灶神爷供奉一只烧鸡。想想灶神爷多好心，为了一个12年后的承诺，就只是一只烧鸡，就要护我周全，多不划算的一笔买卖，居然就这么达成了。记忆中奶奶很少去跪拜神像，多数是母亲在那里忙活。但奶奶为了我能顺顺当当地长大，把一个承诺竟然记了12年，想想也真不简单。

我小时候不相信这些，青年的时候也不相信，就是中年了，也还是不怎么相信，这一点有些像我的父亲，但我对迷信的态度，感觉有也行，没有也可以，现在对迷信的理解，又发生了一些变化。我把母亲的这种行为，不再理解为一种迷信，而是人对自然的一种敬畏和对生活必有的一种仪式。现代人的生活太缺乏仪式感，所以就显得不庄重，看起来过得随意而懒散。有时，一种特定的仪式，会让人对琐碎的生活产生一种更为深刻的尊重和理解。

迷信，很大程度上也带有敬畏之意。敬畏的存在，可以让人在成功面前不骄纵，在潦倒之时不气馁。那一颗为世俗所伤透的心，也可以在敬畏之中，得以悄然愈合。所以在我看来，给神灵在自己的心中留有一个位置，不是出于迷信，而是一个人对生活的敬畏与虔诚。

作为儿子，我对父亲关于迷信的态度完全可以理解，因为人都是实用主义者，父亲也不例外；作为父亲，我对儿子关于迷信的态度却是，希望他能从我现在所理解的角度加以关注。我告诉他，人永远有自己的自由意志，哪怕有神灵的存在，人依然可以通过自己的努力去过自己想过的生活，即使最终过不上自己想要的那种生活，但那种努力的过程，才是人生的价值与意义所在。当然我更希望儿子生活得美好些，哪怕没有这样的人生理解都行，简单而快乐地生活着，比什么都好。

讲故事是最适合人心智接受的方式

在西方的影视作品中，总能看到临睡前父母给小孩讲故事的情景，那画面之温馨，常让自己心生感动与愧疚。同样作为父母，为什么我和人家就有这么大的差异？

写下上面这些话，并不是要讲父母对孩子的爱，而是为了说明故事对孩子发展的影响。想一想我们都是成年人了，还照样为好的故事所迷恋、所影响，就可以知道故事作为一种信息模式，对人一生的影响到底有多大。

美国神经学家保罗·D. 麦克莱恩创立的三脑理论（古老脑、情绪脑、新脑）中，就明确指出古老脑与情绪脑占据脑的核心区域，讨厌抽象、晦

第1章 初始教育：让嫩芽破土，让心灵开窗

涩的东西，喜欢生动形象的事物，而新脑只有薄薄的一层，是负责理性思考的，所以听故事是最适合人心智的接受模式。从这里就可以看出人对故事的喜欢，不仅是因为故事情节，还是因为人生理的基本诉求。讲什么故事，怎么讲好这个故事，就显得尤为重要。

搜罗一下自己小时候的故事印记，集中在两个方面：一是科学家的故事，忘了从哪里得来的，一本讲的是爱因斯坦，另一本讲的是爱迪生；二是秦腔的故事，基本来源于奶奶的讲述。她没有文化，也不识字，都是听村里唱戏或别人叙述的，然后又讲述于我，其中应该不乏她的加工，因为人总是用自己最理解的方式去叙述故事。在不同人的叙述中，尽管故事概意一致，但因叙述者的语言及语气不同，以及对故事中不同人物的喜欢程度，多少会带有自己的主观意绪。我常听的有《辕门斩子》《杀庙》《赶坡》《三娘教子》《周仁回府》等。

由于科学家的故事看多了，我从小就希望自己长大以后能成为像爱因斯坦或爱迪生一样的科学家，这样的心理，使得自己从小就对学习主动而积极。虽然这种努力还是离科学家的目标差了十万八千里，但毕竟通过这种努力，我实现了部分对社会的认知与理解，至于社会地位与财富多寡，好像也不是过于在意。对秦腔戏的态度，却随着年龄的增长而有所改变，故事情节简单得让人不值一提，倒是那唱腔、服饰、动作、眼神等肢体语言，常常让人迷恋，甚至叹为观止。

记忆中，父亲没有给我讲过什么故事，现在回家，偶尔和父亲闲聊，他会讲从电视剧中看来的故事情节，讲得他自己的情绪起伏很大，那种沉浸于故事中的情态，让我联想到寂寞与孤独等字眼，但常常我会听不下去，

因为个别故事太能扯了，扯得不着边际。我在憎恶这些电视作品创作者的同时，又时常可怜他们：用人生这么宝贵的时间，去创作这些垃圾作品。不知道他们有一天，会不会连自己也瞧不起。

儿子小时候，我没给他讲过故事，这是我的遗憾。等他长大一些了，我讲给他的都是大道理，那种干巴巴的抽象的说教，一次又一次地，直到他反感、叛逆与对立。曾经看到一句话：世间最无聊的事，莫过于给人讲道理了。世间的道理，可能从它诞生的那一天起，就已经死掉了。任何道理，都有它使用的环境与时间节点，以及理解的深浅与宽广，不加分析地想要强塞给一个人，只能适得其反。明白道理并自觉执行，需要他自己去感悟，人生经历中的碰壁与挫折，是他无法绕过的必由之路。

讲故事作为一种心智适合接受的方式，在潜移默化地影响着人的未来，用什么样的故事给小孩讲解这个世界，就是为孩子打开不同观测世界的窗户。那里藏着父母的认知，也萌生着孩子以后对世界理解的角度及孩子以后关注这个世界的侧重点。

或许父母的言行和结果，就是孩子眼中的故事，讲好书中的故事，也要讲好自己的故事才行。

第1章 初始教育：让嫩芽破土，让心灵开窗

情绪化严重的父母，势必养出情绪化严重的小孩

  人都希望自己是理性的，不要感情用事，但绝大多数人在现实生活中会变成情绪的奴隶，任由情绪的驱使而不计后果。

  作为父母，我们都知道，孩子犯了错，要好好和孩子沟通，让他明白事情到底错在哪里，怎么改正，以至于以后不再重犯。然而现实情况却是，面对孩子犯的错，父母总是越说越生气，又是吼叫，又是谩骂，甚至要动手去打，那些平时不断告诫自己的理性，早不知被抛到哪儿去了，结果是孩子越来越不听话，还把自己气得抓狂。

  当孩子还小的时候，我把这个时间段界定在三岁到六岁，基本上属于孩子最调皮的时期，父母及长辈的情绪，会对小孩产生很大的心理影响。

  我能记起小时候最担心的事是父亲回家后，总会突然大声训斥我，那防不胜防的一嗓子，总能把我吓得浑身一抖，不知自己又做错了什么，或哪里又碍了父亲的眼，惹他生气。有时自己没错，他也能找出我以前的不对。他总是把外面的不顺拿回来撒在自己家人身上，那情绪起伏的变化，

在我幼小的心里留下了非常不愉快的记忆。可是，令我痛心的是，我居然把这样的情绪化继承了下来，又如法炮制，施之于我的儿子身上。我到现在也不明白，为什么我会使用这种自己痛恶的方式，是基因使然，还是环境悄然影响的结果？我常常会在发脾气之后，一个人不断地懊悔和自责，我不知道，我的父亲在发完脾气之后，是否也对自己的行为有过反思。

父母这种突然的情绪变化，会对小孩造成惊吓，长此以往，使小孩变得胆怯自卑，也很容易让小孩像父辈一样行事，因为在他的潜意识里，这种说话方式已根深蒂固，而且他会不自觉地将这种方式运用到对子女的教育及处事之中。这让人无语的情绪循环。

想起第一次带儿子去超市，那时他三四岁的样子，看见什么都想用手去抓，妻子在旁边挑选东西，让我看着他。刚松开手，他就把架子上的小食品袋抓起一个，扔在地上，又去抓另外一个，当时我一下子就火了，一把把他拽过来，接着就是狠踹一脚，嘴里训斥着不要动人家的东西。儿子"哇"一声大哭了起来，超市里的人都把目光转向我。在我的内心世界里，一直都是安分守己的想法，都是不要去逾越的坚持，在这种意识的驱使下，自然对儿子这种行为要给予纠正。现在才明白，当时他那么小，能知道什么呢，用得着发那么大的火吗？

我之所以把这件小事写在这里，完全是因为这件事我记忆犹新，我能清楚地看见儿子当时被我拎在手里的无助与惶恐，那哭声，是他在向外界寻求帮助，我也能明白超市里那些人看我的眼光，有多么愤怒与生气。

孩子的淘气与调皮，是他们的天性，父母没必要太情绪化。情绪化严重的父母，势必养出情绪化严重的小孩，对孩子一生的成长都将极为不利，会让他们很难和别人相处，很难与家人相处，也很难和他自己相处。

人很难不受情绪的影响，但人总得通过自身的努力，来让理性主宰自己，人在努力的过程中会看见自己的艰难与羁绊，也会看见人作为人的希望所在。如果你是父母，在孩子面前，请你注意自己情绪的表达尺度，给你和孩子都留些可以接受的余地。

触发孩子的想象力，然后引导他

如果给一个人所能具有的能力排个序，我把想象力排在第一位。虽然在实用者的眼里，想象这东西根本没有用，但它对一个人、一个家庭，甚至一个民族和国家，都可能有无法估量的潜在价值。

我把想象力排在第一位，还有一个自私的原因，是因为我的想象力太贫乏，人总是自己缺什么，就把什么看得特别重要。

我小时候物质生活比较匮乏，大部分想象在吃上，似乎看到的都要和吃建立起某种联系；再就是繁重的体力劳动，我想象有专门的机器来代替人的工作。现在农业机械化已很普及，收麦有割麦机，收玉米有机器，种地施肥也都有专用设备，这些把人从体力劳动中解放出来的发明，着实让

何以为父：一位教师爸爸18年的教子反思与感悟

人钦佩。我的这种对农业工具改造的想象，其实只停留在一个想字上，虽然在上学时也动过发明机械的念头，画过几张草图，但终究没有把想象付诸实践。我这么说，你就可以想见我的想象有多么随意和幼稚，然而这种想象也曾鼓励过我认真学习，让我从对知识的学习中，有了可以想象的基础，只不过遗憾的是，没在这个基础上去建立任何想象的楼阁。

在父亲的观念里，没有想象的存在，虽然他也可能有过千奇百怪的构想，但他从来没有在我和弟弟妹妹之间说起过，如果有，那就是对我的一些想法的断然否定。他从来不会去听孩子的想法，他大多说出口的除了命令，就是一些浓浓的道德宣讲。他认为善良是人最终成功的最为可靠的因素，但他忘了告诉我们，人首先得有能力、有一技之长才可以在这个社会上找到饭吃，所以我的一个大学舍友送我一句话，说我是个无用的好人。

儿子也是一个没有想象力的人，他的时间都为一个固定的模式所设计，上学、考试、成绩，一切都不一定是他想要的，可他想要什么，作为父亲，我没问过，也不知道。我只是按照社会生存的要求在塑造他，因为生存是一个沉重的话题，连生存都有问题，还谈什么想象，可是我忘了人类正是有了想象力，才最终成了这个地球上唯一的主宰。网络上有一句热话：贫穷限制了我们的想象力。我想是半对的，就是好多富有的人，也不一定有丰富的想象力，在想象力面前，人永远是一个幼稚的小孩。

有的书专门讲小孩想象力的培养，说是要培养孩子的观察力、动手能力、探究与提问能力，这么多的要求，归根结底，需要父母的陪伴与引导，我不知道是否有用，但一个人想象力的培养与拓展，一定离不开他生活的环境，离不开他所读的感兴趣的书籍，离不开他一直萌动的对某些问题的好奇与持续的思考。

我不知道，一个人的想象力是否需要从小就培养，也不知道，到底用什么方法去培养，能想到的就是去读自然科学家的故事与传记，那里藏着他们对这个世界的认知与思考。如果你也是家长，我希望你能或多或少地思考一下此类问题，并根据自己小孩的情况，让孩子多读一些这方面的书籍，找到触发孩子想象力的诱因，让想象力引领孩子，去追寻一个不一样的人生。

在现实生活中，限制想象力的因素太多了，我们常常把自己不由自主地设定在一个自我认知的封闭的小圆圈内，以为那就是一个完整的世界。我们只有不断地想办法走出那个小圈，或始终让那个圈有残缺和罅隙，才会给想象力一个附着的基点，从而激发我们的想象力。

儿子的好奇，是对收音机里一个声音的寻找

父亲常自诩他会多少门手艺，如果从另一个好的意愿去解读这种行为，那他除了为生存所需做的努力，一定还有他对这些手艺起初的好奇。

好奇是一个人愿意去了解和学习的最初的动力，在这种力量的驱使下，

何以为父： 一位教师爸爸 18 年的教子反思与感悟

人不断地为自己推开认识这个世界的窗口，并兴致勃勃地走进这个尚且陌生的领域；有的人会走得深入而长远，有的人会走得浅显而短暂，其意志占绝大部分因素，而始终保有的好奇心，也不可忽略。

父亲的好奇心，往往在各门手艺的艰难进步中渐渐退却，要想超出平均水平，或者更高，那就得付出比别人多得多的汗水与辛劳，这一点父亲一定做得不好；还有就是迅速降温的好奇心，也会让人心思飘移，随之转向别的方面，而忘了坚持的重要性。

我小时候的好奇，一个是每次喂猪时，那满满的一盆猪饲料，满满的一盆水，两个倒在一起，居然还是一盆。我问了好几个大人，他们要么对此不屑一顾，要么挠半天头也说不清楚，直到上学学了物质结构的基本知识，我才豁然开朗，虽然猪饲料远没有达到分子结构的细小，但大体的原理总是分子之间有距离所决定的。另一个是刚上小学，问数学老师一片树叶加一只鸡，等于两个啥，因为老师在讲一加一等于二，这个老师也不知道，后来明白了数的抽象，明白了同类相加的原则，其实都是很简单的问题，但正因为有这样的问题，才驱使我想尽早地弄明白，学习就成了一件愉快而必然要进行的事。我这样的说法，还是把好奇定位在实用上，而真正单纯的好奇，应该是对未知的探索精神，与有用无用没有多大关系。

儿子的好奇，是对收音机里一个声音的寻找。母亲说那是因为里面有一个人，然后儿子用拆玩具得来的方法，把这个收音机拆成了一堆零件。他并没有找见母亲说的那个人，而是得到了大人严厉的斥责，好端端的一个收音机，就被他拆坏了。我不知道，在那斥责声中，他是否还对收音机里的声音来源于哪里存在好奇。

第1章 初始教育：让嫩芽破土，让心灵开窗

大人的世界，很少有单纯的好奇，他们把注意力大多集中在对别人收入和私事的窥探上，借此满足某种心理上的需求。而一个人，一个成人，若能继续保有对这个世界单纯的好奇，那他的内心一定是向上而进取的。常说的永葆童心，大概就是好奇心的另一种说法吧。

怎样能让一个小孩产生好奇，并持续保持这种好奇之心，我想起了一本书——《十万个为什么》，这本足足影响了几代人的书，对孩子一定有帮助。但是如果只给孩子买书可能还不够，如何用这本书引导孩子对身边环境的追问，引导他们产生问问题的能力才更重要。

第 2 章

学习兴趣、习惯和自信的养成，比分数更重要

学前教育以什么为主

我的父亲没有接受过学前教育,他最高学历只是完小,完小是什么概念呢?我猜是完成了小学教育的意思吧。父亲的父亲,大概就是文盲了,再往前推一辈人,一定还是文盲。知识的普及在中国不到 50 年,所以我做教师常在课堂上讲,要珍惜学习机会,因为你们的父辈或爷辈大概率都是文盲,想学也没有学习的机会。

我的学前教育,只上了不到一个月的课。那时我七岁,村里突然通知小孩可以在邻村接受学前教育,结果后来村里的不知为什么解散了。我清楚地记得上学时教写数字和认字,一个竖线的阿拉伯数字"1",我总写得曲曲折折,像门前的河流一样。我每天兴冲冲地去,课上却总是苦恼,好歹老师也不怎么管,我每次都让我们村的一个女孩帮我写好,然后交给老师看,让老师也能表扬我的作业。我八岁上小学,那时大概孩子上学都是这个年龄。那个帮我写作业的同村女孩,小学没毕业就回村里帮家里做农活了。我上高中的时候,她嫁到了离我们村不远的一个小村子,可我还记得她字写得那么工整，似乎有点惋惜她没有继续把书念下去。

儿子三岁时，社会已开始重视学前教育，父亲把他送到县城的一所幼儿园。我家距县城大概五里路，这一路上，儿子总是哭，不停地哭，每次父亲把他送到幼儿园，他总是拽紧父亲的裤管，不让父亲离开。父亲坚持送了不到十天，就把他领回了家，说不上了。我问原因，父亲的解释是老哭对孩子也不好，再说幼儿园也不学什么。对这样的解释，我无言以对。

儿子四岁时，我们村大队办了幼儿园，离村子近，这次又送了过去，儿子倒是不哭了，还和小朋友一起玩。谁知有一天下大暴雨，刮大风，把学校一堵墙吹倒了，村里一个小孩下课正好从墙根前走过，不幸被砸，就这样离开了我们。那一天，河里还发大水，村里广播说学校出事了，让家长都到学校去，母亲吓得腿都软了，到了学校，看到孩子，就赶紧把孩子接了回来，后面说什么也不让孩子去幼儿园了，于是儿子的学前教育就这样匆匆地结束了。

儿子五岁上小学，因为几乎没上过幼儿园，所以跟城里孩子比很多知识都没学过，他什么也听不懂。刚去的两三周，上课时老师一看他，还没准备叫他回答问题，他就哭。后来他就慢慢跟上了，到小学毕业时，已是学习成绩很靠前的学生了。

在我看来，学前教育当以小孩玩耍为主。例如，和小朋友一起玩，可以看图画、可以信手涂鸦，不以好坏评选；可以听音乐、学儿歌，不以唱会为目标；可以动手做手工，以谁做得有创意为原则；可以学穿衣服、学吃饭、学过马路、学听故事，并可以大胆构想故事。总之，一切以玩为主，以动手为主，以塑造感知为主，至于更多学科知识，到小学再学就可以了，尽量不让小孩过早地对知识感到畏惧和厌烦，让孩子在轻松的状态下步入即将学习的路途之中也许会更好一些。

小学是孩子习惯养成的关键阶段，千万别忽视

说说我刚上小学的一些情况吧。我是八岁上的小学，不算晚，两个堂哥跟我在一个班学习。我后来在县城上高中，城里的小孩都是六岁上学，相比较而言，我比人家大了两岁，这种年龄上的差异常让我有一种难言的纠结，可能别人根本不在意，只是我自寻烦恼，所以等儿子上学时，我就让他比别的小孩早上了一年。

我上小学的时候，学校和村里已拉了电网，通了电，但常常停电，用煤油灯的时间更多一些。每个学生上学都带一盏自制的煤油灯，大多是用空墨水瓶制作的，灯芯用自家的棉花捻成条，在煤油里浸一浸，然后在瓶口用一个钻有小孔的小铁片盖着就成；也有用大白萝卜掏空，倒上菜籽油，并放上一个灯芯的。煤油灯点燃以后那跳动的火苗，映衬着一张张童稚的脸，读书声不能大，大的话气流会把眼前的灯吹灭。总有小孩故意捣蛋，把自己的灯吹灭不算，还要把别人的灯吹灭，挨老师的训和打板子是再自

然不过的事。有的挨板子的小孩会哭，但下课后又会疯跑，一点事也没有。

那时早上上学时间是五点半，天还一片漆黑，等跑完早操，早读课结束，天才开始蒙蒙亮，然后再上两节课，回家吃早饭。我当时好奇学校为什么不把时间安排得晚一些，等天亮以后再上学，毕竟每个人都端着一盏煤油灯多不方便，那煤油灯火苗上部的黑烟，把教室墙壁熏得黑乎乎的，而且每个学生的鼻孔也会变黑；而下午放学又很早，回家的路上，我们一帮小孩要打闹很久才回去。仔细想想，这样的时间安排也有合情合理之处，毕竟学校的老师都是附近村里的农民，放学后还要急着去地里干活，只能是早上多腾出一些时间了。

教室是土坯房，光线很差，泥块垒的墩子上架一块薄水泥板就是书桌，凳子是粗笨的木头做成的。冬天趴在水泥桌上真冷，所以大家都坐得直直的，尽量减少与水泥桌的接触。老师的要求有时也严，不允许把手缩在袖筒里，必须两手放在身后，只有太冷的时候，才允许搓一会儿手，脚冷得不行时，允许大家把脚在地面上很响地跺上一阵，那时整个教室就笼罩在一片尘土里，因为教室地面是泥土做的！尘土对身体的危害，对这些整天在泥土中生活的农村娃来讲，好像一点儿都不觉得有多大，倒是在寒冷的冬季里，大多数孩子手、脚、脸上的冻疮都肿得老高，还疼，等春天来临时，受冻的地方又溃烂一片，上学的艰辛，可想而知。

早上五点半到校，那时家里也没有钟表，全靠奶奶听着鸡叫的声音来判断时间。头遍鸡叫大约在夜里一点半，第二遍鸡叫大概四点钟，等第三遍鸡叫的时候，大概天就亮了。我是在第二遍鸡叫后一段时间起床，至于这个时间怎么确定，也全凭奶奶的经验。对于这个问题，我是埋怨父亲的，

第2章 学习兴趣、习惯和自信的养成，比分数更重要

村里已经有那么多人家有表了，而我们家还没有，让人对他说什么好呢？我到现在也想不明白，奶奶是如何每夜听着鸡叫，来叫醒我的；也不知道，那些个晚上，她究竟睡了多久，一直得操心着鸡叫；也很庆幸，那时家里还养着鸡，而且那些鸡鸣叫的时间总是那么准时。现在已很少听到鸡鸣叫的声音了，毕竟村里已没人养鸡了，城里更没有这种声音。有一年在外地出差，地方比较落后，竟然在深夜里听到了鸡打鸣的声音，然后就怎么也睡不着了。在那一瞬间，我仿佛又听见奶奶摇我起床的声音，又看见她那一双小脚深一脚浅一脚地走在凌晨的夜色里，领着我去叩响另一个伙伴家的门，听到声音，她再叮嘱一遍然后才能放心回家去！每想到此，我都会忍不住流泪。

父亲在这一方面的付出是缺失的，最大的缺失是没有买一个钟表，如果有定好闹铃的钟表，一定可以让我醒来，或至少能让奶奶睡个好觉。

我常把这样的经历讲给我的儿子，他却懒得听，末了也总是一句："那是你的过去，和我有什么关系？"那么到底有没有关系，谁又能说得清呢？

儿子是五岁上的小学，因为年龄不够，还专门托人找校长通融。教室的玻璃窗很明亮，课桌也几乎都是新的，夏天有空调，冬天有暖气，城里学校如此，就是农村学校，现在也是崭新的楼房，教室和城里学校一样好。

儿子上学的时候，学校老师批评学生的事倒常有，而且有些老师说话比较难听，但打学生的事几乎没有了，不像我上小学时，常能听见老师打学生，但没有一个学生会跟家长说，也没有一个家长会因为知道孩子被打了而找老师的麻烦，反倒常是家长要求老师该打就打，该说就说，但现在

的孩子，要是老师敢打学生，家长就会闹事。

我们小时候老师打学生是因为学生违反纪律，态度不端正，至于学生成绩好坏，老师基本不会太在意，那时大多数小孩上着上着学就回家帮父母种地去了，没人在乎成绩，只要能识几个字就行。现在的学校、家长、孩子，一切都看分数，老师的绩效与学生成绩挂钩，学生考学唯"分数论"，家长的情绪也总是随着孩子的分数上下波动。

小学是一个孩子学习的基础时段，能否走得远、学得好，就看小学阶段的塑造情况。很多人把初中作为学习的关键时刻，恰恰犯了一个基础逻辑的错误。但小学绝不是以学习成绩作为判断学习好坏的标准，培养好的学习习惯才是最为重要的。在后面的几个小节里，我会把小学应养成的几个必需的好习惯，做更为详细的阐述。我也将把我所犯的错误罗列出来，看能带给你什么样的启示。

我把阅读作为第一要培养的习惯

在我走过的岁月里，阅读无疑为我眺望这个世界打开了最多的窗户，也是在我最孤寂的时刻，抚慰我心灵的导师，是我在偏居一隅时，不致坐

第 2 章　学习兴趣、习惯和自信的养成，比分数更重要

井观天的指引；在我遭受挫折时，依然有个鼓励我的声音。那么，我用什么来说阅读呢？

现在的家长几乎有一个共识，那就是小学四年级以前要形成一个良好的习惯，可是你若再问他们，这些良好的习惯都包括哪几项，估计有很多人语塞而答不上来，也有很多人会说一大堆连他们自己可能也做不到的事。在我的教育生涯和对教育的认知里，我把阅读作为第一要培养的习惯。我也不想用抽象的理论来讨论我的观点，只想从我以及孩子的阅读经历来谈谈阅读习惯的培养。

我的阅读史，首先应该是从贴在墙上的年画开始的。那时的年画除胖娃娃和鱼外，还有连环画内容的故事年画。那时我还不识字，照例是帮家人贴好以后，由奶奶讲给我，但她也不识字，她的讲述来自对年画故事的大概判断。年画故事也基本以当时的经典戏曲内容为主，如《穆桂英挂帅》《三娘教子》《刘姥姥进大观园》《大闹天宫》《哪吒闹海》《劈山救母》等。奶奶讲的时候，常要端详那年画的人物，看像谁。及至我识了一些字后，才发现奶奶多半讲的是错的，然后我又讲给她听。

其次就是小人书连环画了，《小兵张嘎》《渡江侦察记》《鸡毛信》《红星闪闪》《岳母刺字》《风波亭》《千里走单骑》《武松打虎》《红楼梦》等，在那么一个物质与精神都极度匮乏的小村里，连环画是难得的精神食粮，只是这样的连环画太少了，常常是借来的，总被人翻得有了烂边，甚至缺了页，还要脑补缺页的内容。但是它们陪伴我度过了无忧无虑的童年，让我了解了许多知识，也是通过小人书第一次认识了家门外丰富多彩的世界。

最后就是正规的书籍了，然而哪有钱买，常是借读，是在课堂上偷读

时被老师发现而一脸无助地把书交给老师的不安。读的内容大多变成了武侠，金庸的、古龙的、梁羽生的，一个侠者的世界仿佛在召唤着自己。阅读对自己影响有多大，很难一下子就理得清，反正是有了很大的影响。回头来看，这段时间的阅读似乎走了弯路，如果重新来过，肯定还会去阅读，只是可能会选更适合的课外书了，因为学习时间有限，可能还得精选。

儿子的阅读是从绘本开始的，最早读的时候，他还未上学，只是看着那些彩图问大人，在这一方面，作为父亲，我确实没有给孩子买过几本像样的绘本，但正因为买得少，所以他把书翻得很认真，看得很仔细。这就引出一个购书量的问题，建议一次买一本，等看完了再买，不要一次买一堆书，那很可能被孩子当成玩具来玩。知识的学习有个循序渐进的过程，一点一点来，才会引起孩子阅读的兴趣，从而爱上阅读。对课外书的喜欢，会让孩子对课本也变得容易接受而喜欢起来，这种根植于心的阅读习惯，会伴随孩子不断地去求知，去认识这个世界。

儿子的阅读危机来自初中，那时他迷上了网络小说，《神印王座》《斗罗大陆》等，一本接一本偷偷地买回来，晚上躲在被窝里用手电筒照着看。这种对视力的摧残，让他在初中就戴上了眼镜，同时浪费了学习时间，还因为上课没精神，导致成绩也在悄然滑落。无数次搜他书包，无数次苦口婆心，无数次争吵，都没有终止他偷阅网络小说的行为。现在想来，如果当时换一种沟通方式，和他谈谈阅读的重要性，以及重要性体现在什么地方，并能推荐他一些更有价值的书，和他谈谈读后感，或许能把他从一些无用的甚至无聊的书中引领出来，并培养一定的对书的挑选能力，然后逐渐喜欢阅读一些更有价值的书。

和儿子关于网络小说的对抗，最终把他推向了另一个我更不愿看见的方向，那就是玩游戏——无数家庭的梦魇。

我的父亲也有很多书，都是关于中医方面的，有《伤寒论》《金匮要略》《本草纲目》，还有民间偏方验方等。这些书都来源于我舅爷，舅爷医术高明，父亲跟舅爷学了一点儿皮毛，书拿回来，也没见他读过，他自认为会看病，其实也就算是个会看头疼脑热的普通赤脚医生罢了。倒是那些医书，让我小时想翻，却因为都是繁体字而作罢，但心里常常还会涌起当个医生的想法，大概也是这些书不断在眼前出现的缘故。书可能会像一粒种子，在一个人的心田悄悄埋下，然后慢慢生长。

阅读习惯一定得从小培养，小学阶段大概是最好的时机，喜欢不喜欢读书，能将书读到什么程度，并对书中的内容如何去记忆和理解，以及如何挑选重点和读出趣味，大概都会在这一阶段打下基础。以后就是对各种知识的广泛涉猎，并逐渐形成对某一方面知识的偏好，再能佐以很好的引导和学习，大概就会形成良好的阅读习惯，人生的厚度就会因阅读而不断加深。

孩子阅读的危机大多来自对阅读内容的筛选，不同的内容会导致阅读方向的偏移，甚至人生方向的偏移，能及时而准确地对孩子的阅读予以指导和沟通，可以使孩子少走弯路，强制性中断阅读，往往会适得其反，当务必切记。

告诉孩子，拿起书，读吧！你在现实生活得不到的，将会在你阅读的书中获得！

何以为父：一位教师爸爸18年的教子反思与感悟

字如其人，重视孩子书写的培养

糟糕的书写，一直是我的"短板"之一。尽管通过谈话可以让人对我产生良好的印象，但只要我一书写，那凌乱扭歪的字，马上就会影响别人对我的认识和评价。虽然我不是一个爱慕虚荣的人，也不是把面子看得很重，但起码让人对我做事放心这一点总该是有的。或许有些人不会去注意这些，但我相信，这些人一定是少数，因为中国有句俗话，"字如其人"，绝大多数人总是通过你说的话和写的字来初步判断你的处世能力与为人。

我小时候刚开始学写字时，也是写得认真而规范的，我也相信，大部分学生在开始学写字时，都是认真的。但后来，学生之间，书写差异如此之大，总是有着某些原因的，有些因素其实是可以克服的。把字写得和书法艺术一个水准，确实很难，有可能终其一生努力也不一定达到，可写得让人一看就清楚明白，又工整整洁，看起来较为舒服，却是每一个人基本都可以做得到的。

我父亲没读多少书，会写的字也不多，可他写出来的字虽然谈不上多

第 2 章　学习兴趣、习惯和自信的养成，比分数更重要

好看，但比我的字强。我的字，用我母亲的话说，就是在纸上撒了一把柴草粉末，谁也看不明白。那时候小，对母亲的话也不去理睬，父亲则从来没有说过我的字，甚至连关于学习的事，也没有说过。在他的惯性思维中，一定和村里大多数人一样，会认几个字，会写自己的名字，会算简单的算术，能认识钱会找零找得对就行。毕竟回家做农活，和他一样，做一辈子农民才是最自然不过的事，字写得好坏没什么！

之所以不听母亲的话，也是因为母亲在家中只是任劳任怨地干活，没有话语权，父亲是典型的一家之主，其次就是奶奶偶尔可以发表一下意见，奶奶比父亲更为着急的，是想我尽快长大，给家里添一个劳力。母亲想让我读书的想法和做法，在这样一个家里，也是异常艰难。她想劝说我，可我哪里又去认真地听过，多数时候是躲在奶奶那里，自我嬉笑。

开始不认真书写，是在写字课结束，课本有了内容，有了作业之后，老师也不再对字写得好坏进行圈阅，只要把作业写完，并尽可能地写对即可。这样一来，我就急于完成作业，惦记着课堂之外的玩耍了，为了快，字越写越乱，越写越潦草，有时刚刚写完，自己都不认得自己写了什么。偶尔老师也会把作业打回来，让重写，那就稍认真一些，能应付过去就行。

小学五年级的时候，有个语文老师对作业要求比较严格，因此我的作业常常被退回重做，这时书写才稍有改观，但他教我们时间不长就调走了，然后我又恢复了原样，书写的坏习惯变成了终身跟随，有好几年，想练一练，终究杂事多，就不了了之了。

儿子上小学的时候，我对他的书写格外在意，因为我的书写让我吃尽了苦头，出了洋相，所以对儿子就想从小打个好基础。于是我给儿子报了

书法班，但他上了几次课，不想去了，我不同意，妻子却允许了，用妻子的话说，先把学习成绩提上去再说。那时的情况是，儿子未上幼儿园，直接读的小学一年级，上课根本跟不上，老师一提问，他就哭。为了能跟上，妻子在家又是教课，又是看写作业，动不动就给孩子一巴掌。我母亲来看了，说不能这样打孩子，会把孩子打笨的，最后实在看不下去，在我这里住了没几天，就回老家去了。

当时的情况，书写在妻子看来，根本不值一提，我也不再坚持我的书写要求，一切以跟上学习进度为前提条件。在妻子用心用力的教育下，儿子在小学三年级时，成绩排名在班上已是中等偏上，到小学毕业时，成绩已是比较优秀的了。然而令人遗憾的是，他的书写一点都不好，虽然比我强些，比我父亲也好些，但还是上不了台面，而且书写时坐姿不端正，趴在桌上写，让人一看就不是学习的状态。这在随后的初中和高中阶段的学习中，让一家人吃尽了苦头。

如果可以重来，我一定让儿子保持正确的坐姿、良好的书写习惯，小学的成绩我一定不会再去重视，哪怕他考得很差。我想，无论如何让他把基本的书写关先过了，保持一个好的姿态，我相信，这样做了，他的成绩也一定不会太差，而且随之养成的好习惯，会让他在初中和高中阶段把潜力逐渐激发出来。学习好与坏应该放在更长的一个时间段来看，而不应该是一次考试或一学期或一学年。

我的工作不稳定，除自己创业的那些年，应聘工作去填履历表，对我来说犹如芒刺在背，尴尬是难免的。我从事的职业又是教育，站在讲台上，那板书让学生都会对我产生鄙视。就连创业，和人打交道，签个协议合同什么的，我也较为难堪。字确实如同一个人的脸面，好不好看，就写在脸上，而且会伴随一个人的一生，实在得从小把这习惯养好，后天固然可以改变，但这种改变毕竟很难。

我上面只说了书写与人表面的关系，其实一个人骨子里的审美、性格、人品等，都可以在书写中得以体悟与升华。人常说字如其人，那是真的！

培养孩子对数字的敏感度，是学好数学的关键所在

我们生活在一个数字化的时代，无处不在的数字正描述着我们的生活轨迹，探寻着我们的消费习惯，引导着我们的刷屏内容。我们的吃喝拉撒也被绘成数字图形展示出来，甚至连人的思想、人的意识活动、人的自由意志，数字都力图找出规律与数字模型，人在数字面前似乎无处逃遁。

想起毕达哥拉斯学派的名言——数是万物的本原。这句话穿透千年的历史，仿佛正在逐步应验。

写下这些话，不是出于对数的热爱，而是对数的警惕与不安，但我下面要谈的，却是对数的兴趣培养与热爱。

我小时候对数字的兴趣完全出自要卖自家做的烟花所需。那时我还未

上学，整个冬天，都要帮着家人做放烟花的纸筒——用一根钢管把那些纸张用力地搓卷起来。我们家做的烟花种类很多，那都是数儿活，要一个一个先卷纸筒，再配以药料装填，最后才能拿到市场上去卖。每年只在正月十五以前卖，大多是小孩买来玩耍的，图个节日的气氛。大的烟花是大人才能去点放的，如果小孩点放就有些危险了。我跟着父亲常在街道摆摊，怕有人把烟头火柴扔进来出意外，我的任务是看摊，防止被人破坏，说真的，还确实发现过两三回，都被及时掐灭了。村里也有人家在摆摊时被引燃，导致一年的辛苦打了水漂。通常家里人会告诉我，一旦摊位上的烟花被点燃了，赶紧跑，安全第一。我是在看父亲接过别人手里的钱然后数烟花的个数再递出去时，慢慢学会的数数和算账，学会了你给我多少钱，我应该包你多少个烟花。这是我最早对数和数的运算的认识。

上小学时，学校总进行算术比赛，看谁算得又对又快，这方面我一直是第一。同班的小朋友都称我为小数学家，这种带有光环的称谓，让我对数学情有独钟，仿佛身体里有一个声音告诉自己，我就是未来的数学家。所以数学一直都是我的强项，哪怕别的科目不行，数学我也总保持着第一的位置。

我父亲的数学运算咋样，我不清楚，只记得他会打算盘，但他没有五伯打得好。五伯可以双手打，一个账簿放在那里，一会儿就打完了，而且两个手打出来的得数一模一样。我也学过算盘，打得勉强，觉得算珠拨来拨去，还没有我口算算得快。

儿子的数学，在班上一直处于中等偏上的水平，我从来没有教过他关于数学的知识，都是妻子一手教的，后来妻子不教了，也请过家教，但他

第2章 学习兴趣、习惯和自信的养成，比分数更重要

似乎也没有提高。本来我可以给他讲，但父子关系搞得一团糟，像仇敌一样，说不上几句就怼了起来，也只好作罢。

高考时，儿子数学拖了后腿，还没有达到平时的最低水平，再到大学时，高数居然补考了，研究生考试，数学更是糟糕。他学习数学时，常是用眼睛看，偶尔动手写几笔，以为看出思路了，就可以偷懒不用写，其实用这种方法学数学的同学，最终都学不好，更别说考高分了。

我总结儿子数学不好，有两个方面因素，一是数学基本功差，二是动手能力差。应该说他的逻辑思维还算可以，基本能看出一道题在考什么，应该从哪几个角度去理解，但随后的运算和解题过程，往往就会把他难住，不是错于运算，就是陷入过于复杂的运算而不知简化或另辟蹊径。

出题者考查的内容无外乎学生对知识点的理解，其实也包括和这些知识点有关联的一些运算方法和技巧。方法和技巧来源于对概念、定理、公式等的深度理解，而深度理解来自熟练度，即熟能生巧。当然，个别禀赋特殊的孩子另当别论，就大多数小孩而言，巧一定是熟的结果。所以那些优秀的数学老师总要学生刷题，刷题，再刷题。这是老生常谈，又不得不谈，结果就是学生认为这个老师水平有问题。作为老师，也着实为难呀，不刷题，怎么提升熟练度，怎么保证正确率，又怎么产生技巧与方法呢？

如果系统地梳理一下我对数学的理解，我认为应该走的路子是，从小在给小孩讲故事的时候，应该融进去一些数学家的趣事，把趣事与数结合起来，让孩子产生兴趣。然后在孩子开始认识数的时候，多拿一些具体的实物，让孩子去数，并加以归类。例如，可以数数一家人用的筷子和碗的数量、玩具的数量，可以按不同类别的玩具进行数和量的统计，还可以对

玩具的拆卸进行归类加和，培养孩子对数的理解与敏感度。上小学的时候，要让孩子熟练应用基本运算法则。我教高中生时，有些学生居然连分数的运算先要通分都不会，有些虽然会，但式子一长，一烦琐，就乱了头绪，这明显是对基本规则不熟。运算的快慢取决于小学阶段对乘法口诀的熟练运用程度和对式子的恒等变换能力的掌握，这都是数学基本功。基本功扎实了，至于知识点，稍加点拨就可以；若基本功不扎实，学生面对数学题会产生怯题心理，出错就再正常不过了。

从小学阶段就要求写出自己的解题思路和完整的解题过程，这是锻炼数学逻辑思维的必由之路。那些不注重解题过程的学生，往往会因思维混乱掉进出题人的陷阱。当然，我们培养数学逻辑思维不单是为了解题和成绩，更为重要的是培养正确的思维方式，在这个数字化的世界里，能清楚地认识数的本质，认识数与这个现实世界的各种错综复杂的逻辑关系，从而建立我们的分析基础、拓宽认知角度。

简单归纳，一是培养对数的兴趣，由具体到抽象；二是熟练掌握基本运算规则，夯实数学基本功，这是对数学产生自信的源泉；三是掌握各个模块的知识点，学会归纳总结与分析。如果还要说一句，就是动手能力，刷题，刷不同层级的题，也就是说，对题要进行精选。

塑造成就，注重细节，孩子专注力自然会提高

常常听家长抱怨，说孩子注意力不集中，专注度差，并问作为老师的我有没有什么办法可以提高孩子的专注度。

在我的理解里，没有一个人是专注度差的（当然病例性除外），看看那些所谓专注度低的小孩，在做他自己喜欢的事情时也总是很投入的，孩子专注度差往往是因为他不感兴趣。所以让小孩有兴趣是最要紧的，但问题是，小孩不可能对任何事情都感兴趣，尤其是学习困难的学生，面对学习时确实很难保证注意力专注于学习。

把专注度再拉伸到一个更长的时间跨度来看，看能否得出什么有用的信息出来。

我父亲手艺多，但他仍然让这个家过得紧巴巴的，一方面是他一直把自己局限在我们村附近这样的小区域，自然没有多少市场，也就没有多少收益，所以缺乏持续投入精力学习这方面技艺的兴趣。另一方面手艺到一定程度，再想提高，确实需要花费更多的心思，而且不见得会有显著的提

高，大多数人到这一水平就停滞不前了，父亲当然也不例外。这种大众化的手艺水平，挣不上什么钱也就成了必然。近年来媒体上常讲，一个人，一辈子，就做一件事，做好做精，才可能在这件事上做出真正的成绩。这种专注的程度，确实让人钦佩，恐怕也只有这样，才是面对职业的态度吧！但又有几个人能真正做到呢？投入过程中因收益太低导致正常生活都无法保障，仅这一点就把大多数人吓跑了。

绝大多数人做不到这样对职业的专注，所以成功的人往往就只是少数。抛开这种一生的专注，而仅把目光投射在某一件事情或某一项学习上，同理，专注度高的人，大多能取得较好的效益和效率，而专注度差的人，大多做得平淡且吃力费神。

我上小学的时候，有一篇文章《小猫钓鱼》，说的就是做事情时必须一心一意，而不能三心二意。学的时候，觉得故事很有趣，以后在生活中，也总会记起这个故事，将它作为对自己做事的一个善意提醒。遗憾的是，自己做事，也大多如同小猫钓鱼，总是一会儿操心天空的飞鸟会飞去什么地方，一会儿操心吹过的风会带来什么样的味道……

对我而言，小时候上学，能让我不断投入时间刻苦钻研的唯有数学，解题过程中的冥思苦想，从看似马上就要解出来，却又困难重重，到最后的突然灵光，找到好的解题窍门，那种快感和自豪，让我总要高兴好多天。特别是解别人都不会的题时的那种兴奋，可以让我长达几小时或几天对一道题反复思考。这样的心路历程，来源于别人对自己数学能力的认可，这种认可又促使自己的持续投入与努力，以此形成了正反馈。

基于以上这些，我粗浅地认为，持续的专注力，来源于外界认可的动

第2章 学习兴趣、习惯和自信的养成，比分数更重要

力，这种认可，对孩子而言，有两个方面，一是同学与老师对自己行为的肯定，二是自己取得比较好的成绩。所以，对于一个学习成绩并不好的孩子而言，老师和同学对他的肯定就变得尤为重要，这是他专注下去的源泉。身为父母的我们，对孩子的鼓励必不可少，这是孩子坚持下去的有力保障。

想想我对儿子的态度，其实他在很多时候表现出的对学业的不重视和逃避，并没有让我意识到他心思的漂移或学业上遇到的困难，我只是对他的行为表达了我的不满与愤怒，把他想同我沟通和寻求父母帮助的路径阻断，让他在彷徨的路口，走向了我们预期的反面，导致我们双方的情绪更加激进而失控，最终演化成一次次的吵闹，演化成他学习时的毫不用心与散漫。

再想一想儿子刚开始上学时对学习的态度，也是很努力，想学好。但是，当他做作业时，我们总会忽然记起某事而问他，或安排他临时去取个什么东西，或因我和妻子之间的某些吵闹而打断他的学习。这些不经意的行为，可能在某种程度上干扰了他学习的专注力，使他在学习时容易分心。如果能对他的学习任务与学习时间加以规划，让他理解时效性的重要性，也许他的学习注意力会保持高度集中。常此锻炼，孩子就能形成比较高的专注度。

说实在的，孩子注意力不集中的行为习惯，可能来源于家庭成员的某些不经意行为。作为父母的我们，要在平时注意这方面的细节。当然，塑造成就，激发兴趣，仍然是提高专注度最为有效的途径。

不要对孩子讲时间的重要性和易逝，只需做好规划和监督

如果一个人在很早的时候，就能意识到时间的重要性，并能对时间进行合理的规划与安排，再去付出应有的努力，那他的人生一定是充实而精彩的。但大多数时候，我们可能要在长辈的督促和要求下学会做事，并在做事的过程中，逐渐认识到时间的重要性。

父亲的作息简单且规律，日出而作，日落而息。扛着他熟悉可能还厌恶的农具，在天亮的时候，饱吸上两锅旱烟，吃一点简单的早饭，就走向了地头。地离家并不远，中午可以回家吃饭，除非农忙时节，才需要把饭送到地头。天黑了就回家，吃晚饭，吸旱烟，弄得满屋子都是呛人的烟味，随着几声咳嗽，或是莫名发火的吵闹。夜渐黑，星上来了，一天就这样过去了。

在对时间的合理规划上，父亲对我没有任何的教导与影响，他的时间就像一条缓缓流淌的小溪，一直没有任何变化地流着，所以他也没有任何对我要传授的。人是生活在时间维度里的一个生物，或身在其中不知，或

时时感受到时间的威逼，不同的人会有不同的认知。在父亲的认知里，可能就是自然而然地发生、成长、衰老、死亡，如同地里的一棵庄稼，就那么自然地生，自然地长，自然地被人收割。

我小时候对时间的认识，就是那黎明时的鸡叫，奶奶由此帮我确定上学的时间。后来就是摆在屋里木柜上的那个有着两个小细铁腿的闹钟，到了预定的时间，它上面的那个带着小撞钟的零件，就会左右摆动击打在旁边的两个小圆弧铁片上，丁零零地响起来。再后来，时间好像就变成了考试、发成绩以及毕业的日子。小学毕业，初中毕业，其中绝大多数学生回家务农，再就是高中毕业，大学毕业，然后是工作，离职，漂荡，时间仿佛一天紧过一天，哪里来得及细细地安排，如海边的潮，掀过来，却永远没有退回去！

第一次在学校读《明日歌》时，"明日复明日，明日何其多"，并没有让我懂得要珍惜时间。它和别的文章一样，只是句子的重叠和为考试做的背诵，直到读起"子在川上曰，逝者如斯夫，不舍昼夜"，才引起我第一次面对文字时对时间易逝的思考。圣贤的话，跨过历史的洪荒，在我的内心里投射、发酵。读"黛玉葬花"，读《春江花月夜》，满满的都是对时间易逝的追问！可是面对时间，人又能做些什么呢？

小时候和年轻的时候，觉得时间仿佛是无穷尽的，可以肆意地挥霍，及至中年才发觉，原来时间少得可怜，对一个人而言，就短短的几十年，不好好珍惜，实在是对生命的浪费。这种猛然间对时间的醒悟，让我把它当成了对儿子教育的至尊法宝，然而，儿子面对我的说辞却是一脸的不屑，时间对他而言，仿佛我如他一般大时的理解，是无穷尽的！

何以为父：一位教师爸爸18年的教子反思与感悟

我对儿子关于时间的说教，不得不变换一种方式，那就是对他假期时间的管理，对放学后时间的具体安排。这种对时间基于事情的计划，是我想让他珍惜时间、提高效率的有益尝试，但总是半途而废。不是儿子坚持得不够，而是我们的监督没坚持几天就放弃了。

儿子的时间安排，似乎就是上学、听课、做作业、放学、吃饭、玩耍。作业能否按时完成，也都是一催再催，什么时间该做什么，对他而言，没有主观上的选择，只有极不情愿地被动承受。儿子全然没有对时间有一丝珍惜的意识，我把这一切，都归结为他上小学四年级前未养成好的作息习惯。

一个人对时间的理解，可能是一辈子的事，对一个小孩而言，讲时间的重要性与易逝，确实言之过早，不仅不会引起小孩的重视，反倒易形成小孩的反感与抵触心理，说得多了，只能引起小孩更强烈的负面情绪。积极而稳妥的做法，应该是在小学阶段，引导孩子对自己的课余时间做出合理的计划，然后监督他认真执行，不要轻易因为某些因素的变化而打断，坚持下去就会逐渐养成珍惜时间的好习惯。

在时间的认知上，一定不要空洞说教，只做具体要求的规划与监督执行，督促孩子高效利用时间，至于对时间更为深刻的理解，那是孩子以后的事，要靠他自己去体悟。

关于对碎片化时间的利用，我不建议家长对孩子有这样的要求，因为对碎片化时间的利用，容易让孩子分心，操心别的事情的来临，使孩子注意力难以集中。至于成人或注意力能高度集中的小孩那就另当别论了。

大多数时候，做计划易，坚持下去难，所以孩子小时候是对父母的考验，小时候的好习惯形成了，以后就会好些！没有捷径可走，唯有耐心与坚持。

觉得代劳省事，是对孩子动手能力的扼杀

我不喜欢劳动，并不是我懒惰，而是小时候繁重的农活给我留下了难以抹掉的辛劳的记忆，也正是因为劳动，我才会对父亲产生那么多的嫌怨与那么深的隔阂。

父亲身体瘦弱多病，在当时生产队的集体劳作时，考虑他身体单薄，村里的队长照顾性地给他安排了一些轻便的活，后来包产到户，他是家里的核心劳力，自然地里的所有活都得压在他的肩上。我们家人多，分的地也多，主要劳力就是父母，我是长子，当然也得算一个劳力，可我那时才七八岁，瘦削的身体，怎么受得了那繁重的体力劳动。

很多时候，看改革开放初期的电影或电视里农民分田地时的高兴与劳动的热情，我都是以一种极为复杂的心情看待，我知道在那解决温饱问题的改革的背后，是每个农民异常艰辛的付出。我能记得拉架子车时，满满的一车麦捆，那刺人的麦芒扎在皮肤上的灼热的疼；架子车的绳子勒在肩膀上的一条条血痕，出血结痂再出血的痛楚；做到中午身体就坚持不下来

时，奶奶让我吃一片去痛片或安乃近后，又投入田地里干活的疲惫与无奈；半夜还在地里忙的酸辛。一幕幕，多么令人难以忘记的惨痛。

父亲总是做到中途，无故发火，然后生气回家，把地里的一大堆活，都留给母亲和我。母亲是任劳任怨的，她理解父亲，那是父亲实在干不动了的故意逃避，而我则不能原谅父亲的任性，把这么繁重的活甩给他的妻子与年幼的儿子，那种不负责任的做法，怎能配做一个丈夫与父亲呢？

很多年了，我都难以释然父亲在劳动上的逃避，虽然他并没有完全逃离劳动，还是在休息一些时间后又回到地里，但我仍然生他的气。现在我能理解他当时的行为了，作为一个没多少力气的人，他也有生理上疲惫的极限，有情绪化的宣泄，不能简单地用他应有的社会角色一味地要求他。但我总想，如果我做父亲，这样把妻儿推到最艰苦的一线，那我一定不会原谅自己，作为男人，我有责任与义务，给家人提供一个相对舒适的环境。即使不能提供，我也会冲在第一线，而让家人站在我的身后。或许把我放在父亲那样的处境，估计我也会和父亲做一样的选择吧，这是无法判断的人生假设。

当然，现在我们那里的农村已基本实现了机械化，科技的进步把人从繁重的体力劳动中解放了出来，这是伟大的贡献，比任何空洞的说教与口号都来得有用和及时。

繁重的劳动扼杀了我对劳动的一切好感，附带而起的是对土地产生的厌恶与憎恨，但现在每次从城里回到乡下，双脚踩在泥土上，看着地里绿油油的庄稼，焦虑感就会一下子消失殆尽，感到莫名的踏实和放松。

儿子没有在农村做农活的经历，他五岁就到城里上学了，虽然每个假

第2章　学习兴趣、习惯和自信的养成，比分数更重要

期都会回老家，但从来没有做过农活，一方面是地里活已少，另一方面我的父母不让他去做。他本人似乎对农活也不太感兴趣，不像弟弟的小孩特别爱劳动。儿子对劳动的不喜欢，在我看来是懒惰。撇开农活不说，单是家务，儿子就从来没有做过，都是妻子在用她的辛劳培养着儿子的懒惰。

儿子小的时候，作为父母，我们没有注意到这种不做家务的行为带来的弊端，及至长大，才蓦然觉得儿子太懒，动手能力太差，什么事都要父母为他准备妥当，他只会享用。就连吃完饭洗碗，他都从来没有主动做过，总是一吃完饭，把碗往厨房一扔就了事，说了几次，也不大管用，有时觉得有说他的气力与时间，自己都已经做完了，但长此以往，他一点劳动意识都没有，让人心烦。其实，在培养孩子的过程中图省事、代劳，是对孩子动手能力的扼杀，是父母懒惰的表现。

马克思在《资本论》中说，劳动创造了人本身，这是对整个人类的进化而言。在一个人的成长过程中，培养劳动意识，锻炼劳动能力，有特别重要的作用。根据我的观察，凡是很少做家务的小孩，一般动手能力都比较差，推演至学习中，一般也是凡需要多演算的科目（如数学）也都因动手少，而错误百出。

从小学阶段，就要有意识地培养孩子劳动的观念、动手做家务的能力，不仅不会影响学习，反而会对学习产生积极而有效的推进作用，人其实是在劳动中逐渐培养了思考做事的能力。爱小孩，就应该让他多动动手才好！

何以为父：一位教师爸爸 18 年的教子反思与感悟

从小引导孩子喜欢上一项运动

作为父亲，我一直希望儿子能喜欢上某项体育运动，不为别的，就为他能因为喜欢而保持一个锻炼身体的习惯。

人对某项运动的喜欢，大概也是有诱因或机缘的。我喜欢打乒乓球，这项从小就玩的运动，一直到现在也还在玩，虽然打得不太好，但亦有乐趣在其中。

小时候我们村有一个水泥板面的乒乓球台，我还没有球台高，偶尔会在乒乓球台前看比我大些的小孩玩球。一根玉米秆或高粱秆架在两个断砖或土块上就成了球网，小孩手上拿的大多是断砖，也有拿家长给做的小圆形木板的，把乒乓球在台上推过去，碰过来。有一次我在家翻柜子里的东西时，居然发现了一副乒乓球拍，上面还有胶皮，这让我有了在村里其他小孩面前炫耀的资本，也成了自己整天跑去球台的缘由。由于工具先进，我比许多小伙伴赢的次数都多，自然也就促成了我对这项运动的喜欢。尽管个子小，胳膊都伸不到台里面去，但我总是玩得开心，玩得像那么一

第2章 学习兴趣、习惯和自信的养成，比分数更重要

回事。

很长一段时间，我都认为球拍是父亲的，想当然地以为父亲乒乓球也打得好，我要通过把乒乓球打好，来获得父亲的好感与喜欢，似乎这是一条隐秘的获得父亲认可的途径。很多年以后才知道，父亲并不会打乒乓球，也谈不上喜欢乒乓球，球拍是姑家的表哥藏在我家的，怕拿回家被他父亲骂，结果藏成了我的心爱之物，而他再也没有要回去。当然他的兴趣发生了变化，他迷上了打篮球，他个儿高，又长得魁梧，这种小球的运动自然不再被他喜欢。在我上小学时，这个球拍依然让同学们羡慕。在这样的目光中，我加深了对这项运动的喜爱，当然，我矮小单薄的身体，大致也比较适合这样的运动项目。

我小时候还有两项拿手的活动，一是踢瓦，在地上画一些方格，然后把小瓦片扔进其中一个方格，人单腿跳进去，再把瓦片一个方格一个方格地踢，不能压线和出线，这个活动，我们村同年龄的小孩中，没有比我踢得更好的。二是赢"面包"（纸折的小方块），整个小学阶段，我总是第一，每天上学背几个小"面包"去，在放学时总能赢满满一书包回来。至今想起，我仍然有满满的自豪感。但这都是小孩玩的，长大一些就不再玩了，只有打乒乓球，一直打到现在。

我实在没有发现父亲有什么样的运动爱好，贫穷的生活、持续的劳作，可能使他从来都没有想过什么运动，就锻炼身体而言，农活其实已让他身体不堪，哪儿还有心思去考虑别的运动。小时候看外国电影，发现好多影片里都有外国人跑步锻炼的情形，现在城里跑步的人也很多，才明白原来好多看似简单的生活方式，其实是需要物质作为支撑的。当然也有一些例

外,我们村一个和我差不多大的伙伴就喜欢跑步,从小跟着他当过兵的父亲跑,长大后把这项爱好坚持了下来。站在这一点来看,父亲喜欢什么样的运动,可能对小孩也有深远的影响。

儿子没有特别坚持去做的运动,这可能缘于小时候我们在运动方面对他引导的缺失。整个小学阶段,妻子一直狠抓他的学习,从来没有引导他去做运动,而我常忙于自己所谓的事业,也没有带他玩过什么。儿子大多数时候,除了学习,就是看动画片或摆弄他的一堆幼时的玩具。

儿子到了初中时因为学业的问题,而忽略了运动的重要性;高中时期,他因为我喜欢打乒乓球,而也想打乒乓球,但我没有耐心教他,又加之考大学的压力,把他想学打乒乓球的热情很快就浇灭了。在高二时他和一帮同学学踢足球,踢得好坏和时间多少,我都没有过问,我问他的只是学业的好坏,现在想来,这是我的短视。到了大学,听他说,他们班没有踢足球的,他选了打网球的运动,为此还专门买了一个挺贵的球拍,估计也没打几下,就躲进宿舍玩游戏了。他那少得可怜的运动时间!

儿子上班了,我一直劝他尽量每周去运动一下,不喜欢跑步,可以去打球,足球找不到能玩在一起的人,至少可以打乒乓球或羽毛球。说实话,他对乒乓球一点都不喜欢,我动员他打羽毛球,也看着他买了球拍,却只打过一回,就再也没有见他去打过。看来小时候潜移默化地引导孩子喜欢某项运动,才最为关键。

由于运动少,儿子动作的协调性一直比较差,从小学到大学,连广播体操都做得那么不堪,真是让人吃惊,现在我该如何让他喜欢上一项运动呢?或许是我想得太多了,给了儿子太多的限制。如果能给他一个更为开阔的空间，让他自己去选择，也许会更好。

我见过一个家长，他小孩打乒乓球是快进省队的水准，他仍不满意，最终把小孩逼向了他期望的反面。总之，凡事总得有个度，优秀从来不是靠外界硬逼出来的，而是自身也一直向往着优秀，才能在他律及自律中逐步成长。

当所有人离你而去时，还有那琴声可以永远陪伴你

我得坦诚我毫无艺术细胞，尽管我从初中开始就喜欢上了文学，但写的文字一直是"学生腔"，无生动鲜活可言。有时会生出对上帝的埋怨，虽然给了我爱好文字的偏袒，却没有赋予我对文字理解的垂爱，让我在一个低层次的氛围里不断挣扎，多少有些残忍的成分，不过大多数时候，却还是自得其乐、自我陶醉。

在我小的时候，农村生活是贫瘠的，村里的能人就是识几个字的人，会打算盘的人，做农活好的把式，或是做木工的匠人，艺术似乎与这样的村子有着天然的屏障。查查我们村的历史，确实也没有出过一个搞艺术的人，这些年倒是有考上名牌大学的，毕业也都是凭专业吃饭过日子的人。

何以为父：一位教师爸爸18年的教子反思与感悟

　　我不知道，像我父亲一样一生都在为生存而忙碌的人，在他们的心里，是否曾经出现过关于艺术的概念。当父亲面对别人家墙上的一幅画或别人门框上的一副对联时，在电视电影里听到一段乐曲或听到戏台上的唱腔时，心里是否产生过自己也想通过这种形式表达一下的冲动，或者是否被强烈地震撼过。这些我都无从得知，对父亲的精神世界，我是茫然的。

　　我得庆幸改革带给农村的变化，让我从农村走向城市，从知识的学习中去认识和了解这个社会。我无法说清楚艺术对我的影响是从什么时候开始的，是哪一件事或经历让我对艺术更为倾向，仿佛如同村前的那条不见源头的小溪，就那么一直缓慢地从什么地方流过来，浸润着我内心的荒芜。

　　最初的印象大概是从年画开始的。贴在土墙上的彩色年画，给暗淡的房间里增添了亮色。年画上的故事，发生在一个久远的年代，充满了一个小孩的好奇与联想。母亲画的窗花，在我小时候并没有引起我的注意，直到老式的窗户消失了，代之而起的玻璃窗，才让我不断回忆起那窗花上的油彩。黄瓜、西红柿、菊花、牡丹通过简单的几笔就逼真地勾勒在白纸上，刚涂上的油彩散发着一股让人难以忘怀的气味，混杂在新年的爆竹声里。

　　对文学的喜爱，源自一个初中同学手抄的散文诗，我竟然第一次发现原来文字还可以这样表达，随后就是汪国真、三毛、席慕蓉等人的文字。真正让我震撼的是大学在户县见习时的所见。我们住的地方一楼是户县农民艺术馆，那红红的辣椒串、黄澄澄的玉米棒、翻滚的麦浪……一幅幅挂在艺术馆的墙壁上。这些曾司空见惯的农家景象，以画作的方式，呈现在自己眼前，似乎看见一个人，拿着画笔，思忖着这自然的景况，在那里布图。大自然的一切，在那一刻，仿佛有了别样深刻的生命，那感觉是如此强烈，以至让我呆立在这些画作前。后来也看过一些所谓大师的画作，但却少了当初那份强烈的感动。

对秦腔艺术的认识，是小时候在农村或县城的舞台上，可是作为小孩的我只是寻找人多的热闹，戏台上的唱词和动作，哪有那份闲心去看。直到在西安易俗社参加首次秦腔艺术节时，在一个懂行的朋友的介绍下，才感受到了秦腔的真正魅力。

儿子和艺术似乎也是绝缘的。他小时候，我想让他学习画画，因为我曾有一个朋友画画很好，我喜欢画画人那份细致入微的观察，以及用线条和色彩对景致的表达。但儿子学了没几天就放弃了，原因还是我们对学习成绩的关注。其实，小学阶段，真的可以用来培养一些爱好的。想想我们的父辈，一生都没有这样的机遇，而我们的孩子，有这样的环境，却被一些当时看来重要其实后面看来一般的因素干扰而放弃了，真是有些惋惜。

以前听到一个故事，说的是一个父亲带女儿学拉小提琴，女儿问他，为什么要去学这么枯燥的东西？她的父亲说："为了当我以后不能陪伴你时，当所有人可能离你而去时，还有那琴声可以永远陪你！"或许，艺术真正的魅力，并不在于创造了伟大的艺术作品，而是当一颗心需要慰藉时，它能给予最为理解的抚慰。

我没有艺术细胞，也写不出像样的文字，但我依然有一颗趋于艺术的心。在我简单的理解里，艺术是给平淡无聊的生活以情趣，是给平凡而卑微的人以一颗孤绝傲世的心，是给浅薄的生命以深刻而丰富的内涵。

如果可以，请给你和你的孩子一点"艺术"的可能！

孩子择校的困惑与反思

儿子小学毕业后，有两个选择，一个是去指定的学区学校上学，另一个是择校。择校也有两个途径，一是考全市最好的初中，但我没有让他报名去考，当时在我看来，儿子不一定能考上；二是这个学校离家远，需住校，他年龄小，我不想让他住校；还有就是家门前有一所初中，也办得相当有名，升学率高，虽然不是儿子的学区，但找找人，我觉得还是能进去的。

因为没有让儿子去考全市最好的初中，儿子对我非常不满。他认为自己可以考上，因为和他关系最好的两个小学同学都考上了，而他和这两个同学成绩不相上下。我的解释还是那所学校远，而且我找的学校也很好。这是我的武断，是儿子惨痛的初中生活的开始，也是一家人开始不断吵闹甚至差点儿崩溃的开始。

儿子完全遵照我的安排，进了我所托人办理的这所初中。当时因为不是这个学区，报名时签了一份成绩达不到年级半数以上即退学的协议，这

第 2 章　学习兴趣、习惯和自信的养成，比分数更重要

是一份有违义务教育法的协议，但作为择校生的我们，认可这份协议。我的想法是，既然进了，肯定学校也不会轻易让退学，而且协议对孩子也是一种约束，好让他努力学习。再说儿子成绩也不差，相信考进年级半数以上应该没有任何问题！

第一次期中考试成绩出来，儿子排在年级前二十名，没有我们预期的好，但比起学校协议的要求，那当然是稳稳地不会被学校退掉了。之后不久，儿子的班主任打来电话，让家长去一趟学校，妻子不善言谈，就让我去了。虽然我学校一摊子事要处理，但为了儿子，也不得不抽出时间去一趟。也不知道儿子在学校犯了什么事，我怀着忐忑的心情赶往儿子的学校。到校后看见儿子在教室外面站着，他的班主任在另一间教室上课，我陪儿子等到下课。班主任出来，让我再等等，她还有课，又是一节课的时间，我陪儿子站在教室外，心里的怨气慢慢升了起来。及至下课，我又赔着笑脸问情况，结果是让把儿子领回家反思，我问什么情况，她（班主任）说是儿子未按时交作业，看老师一脸的怒气与不耐烦，我也不好再问什么，只问让反思几天，她说先回去反思再说。我只好悻悻地带儿子回家。回家的路上，强忍着怒气，问儿子为什么，他却说不想念书了。这句话，让我动手打了儿子，路上有人看向我们，儿子哭着……打他的原因，完全是他面对错误时的态度，犯错都在所难免，只要积极去改，那就可以原谅。但他说不念书了，那就是从心底里还没认识到自己的错误。以后我们和他所有的吵架，其实都是因为面对错误而不知悔改的执拗。

这是第一次回家反思，过了两天，我让儿子写了检讨书与保证书，又同儿子一起去了学校。看班主任的脸色，她似乎一直是生气的，但我得看

着，还好她让儿子进了教室，我在窗外，看见儿子坐在了教室的最后一排。记得开学时，他是坐第一排的，按照身高，他在第一排才合适。可我哪里还敢再提意见。我一直不明白，那个总摆脸色给人看的人，自己心里难道不别扭吗？短短一生，何来那么多的气？

不久是第二次回家反思，写检讨书与保证书，还是父母陪站教室外，回家吵架，又因为儿子毫无悔意打了他，怒极摔东西，再就是满脸堆笑去看老师那张生气的脸。其间，我也不知道该怎么办，买了好多东西去老师家，第一次老师收了，好了没几天，儿子又被打发回来，再去送东西时就被扔在了门外，伴随的是哐当一声的摔门声。找了学校的一个副校长，想让他帮忙通融一下，校长却说班主任都有考核，他也不便说什么。

第一学期下来，儿子成绩有所下降，但仍然是半数以上的名次，班主任没有打发的理由，却是一次次说儿子语文成绩不好，拖累了她的考核，对了，这个班主任是教语文的。我很难理解，语文书里那些优美的句子，竟然在这个老师身上没有半点体现，仅把文字作为一种职业，实在也是悲哀。更为悲哀的是她竟从事教育行业，却无丝毫的教育情怀。我很不忍心去讲教育情怀，因为我学的师范，从事的是教育事业，我同样缺乏教育情怀。对这个班主任的声讨，就是对我自己良心的追问。

儿子睡得很晚，每次看他时，都是在写作业，一本接着一本。有时夜深了，看他时，他已趴在桌上睡着了，叫醒他，让他去睡，他却揉揉眼，又开始写作业。真的，作为父母，有一种无力的心疼感。

频繁地回家反思，频繁地一家人吵闹，频繁地打骂，结果儿子在一天深夜竟然离家出走了。我和妻子在无人的夜路上奔跑、找寻。还有一次，因为吵得太厉害，儿子也不相让，妻子竟然在盛怒之下，要推窗跳楼，幸亏儿子反应及时，才狠劲拽住，不然，该有多悲凉！

在这件事上，我犯了最为愚蠢的错误，儿子明显已经在这个班待不下去了，想换班别的班主任又不愿接收，只能换学校，而我却坚持留在这所学校，仅因为这所学校升学率高。回头想来，升学率与孩子身心健康相比，又算得了什么呢？

初二结束，暑期学校补课，儿子去的第一天就被班主任从班上撵了出来，并爆粗口，说孩子不要脸，待在她的班，并让我有本事去教育局告她。儿子哭着回来，怎么也不去了。我去了教育局，见了区教育局局长，说明了儿子的情况，局长让基教股股长处理，结果是建议我们换所学校，不要闹了，闹下去，吃亏的是我和孩子，到时哪所学校都很难接纳儿子了。我虽一腔的怒火，却只能息事宁人，否则我就成了有问题的家长，成了别人眼里的刺儿头。这个基教股股长和我同一所大学毕业，算是校友，几年后我们一起吃饭聊天时，她已经忘了我曾为儿子找过她的事，或许对她这样的人来说，这种事可能常有发生！

我只得认输，给儿子换了一所学校，一所教学质量不好的学校。老师对学生很好，就是学生纪律情况差，儿子第一次打架，就发生在这所学校。初三毕业，儿子未考上全市最好的高中，但考上了全区最好的高中。我得感谢这所普通的学校对孩子的关爱！他们让孩子在这一年里，执拗的性格逐渐得到改变，那时我们一家其实对成绩已经很不在意了。不好的性格，才是人生最大的隐患。

儿子换了学校以后，我才从他嘴里知道，原来第一次期中考试后，这个班主任让儿子去她家里补课，儿子一直不愿去补课，他没去，也没对我们讲，我才明白这个班主任对孩子那种态度的缘由。那时，在校老师都在私下补课，教育局还没有什么制度要求，当然我也不能以更为恶劣的心思去揣摩这个班主任的行为，因为我的身边，在校老师私下带学生的很多，他们都很良善。他们也有家庭生活上的压力，我理解这一切的行为。但我不能理解的是这个班主任如此强烈地和我们过不去的行为，和一个学习还不算太差的学生过不去的行为，这样的老师，真的，不配站上讲台！

我的舅爷在世时，对我父母说过，孩子不是父母的私有财产，是国家的接班人，父母只有养育的权利，而没有随意打骂和剥夺教育的权利。一个老式的文化人，都有这样的理解，同为教育工作者的我为儿子班主任的那种狭隘和自以为是及愚蠢，感到深深的羞愧！

高中以后，学校管理不是太严，我们也不想给孩子额外的压力，只想他能恢复一个好的性格，最终的效果还算不错。现在看来，儿子更适合一个相对宽松的环境。

梳理一下择校的经历，我的建议是，择校得看孩子的情况，也得看所要进的学校的情况。我身边有成功的例子，两个朋友的小孩，选了一所管理很严的初中，结果小孩调皮的个性有了收敛，考上了好的高中，后来上了不错的大学。也有择校后，和我一样使孩子性格大变的，甚至导致孩子抑郁的。父母的出发点都是好的，只不过，有些学校的管理方式可能真的不适合自己孩子的情况，成绩和身心健康比起来，简直不值一提。

如果可以，我多希望所有在校的老师，能多一份对小孩的爱，多一份对教育的情怀，多一份为国家培养人才的敬畏，因为国家对人才的需求是多样化的！如果可以，我宁愿我的儿子没有经历过择校，没有经历过那不堪回首的两年！

想一想我上学的经历，没有听说过择校，一个孩子学得好不好，是孩子自己的事，老师不是很在意，老师在意的只是我们按他的要求听课、做作业，他要的是一个学生应有的态度。就是父母对孩子的要求，也简单得很，会识些字就行，念到哪里算哪里！生活比学习重要。现在我们把好多东西都看得太重了，让父母和孩子都迷失了方向。这又是谁的错呢？

大题要过程，错题与不会的题要有专门的作业本

儿子上初中以后，作业明显多了，原来晚上八九点就可以做完，现在居然要做到十二点左右，有时到晚上一点了，还在揉着眼睛做作业。

一个十三四岁的小孩，熬这么晚，作为父母，我们也心疼，但作业完不成，不按时交要被停课罚站，我们更难以接受。我时常会想，如果一所学校是想通过此法来提高升学率，那是不是得重新考虑升学率的意义，这种扼杀学生学习积极性的方式，站在一个更高的维度看，无异于拔苗助长。

作为学生家长，我们不能质疑学校的教育方式，但作为一个教育工作

者，我需要不断地质问并提醒自己，什么样的方式才是对学生真正有用的。

儿子第一次被停课回家反思，就是由于忘了带作业本，去给老师说，结果老师认为是儿子没做完，故意说忘家里了，我们无法怀疑老师的良苦用心，但停课回家反思，就真的有用吗？动不动让家长把孩子领回家，难道不是老师逃避管理，或是管理无能的表现吗？

这所学校的高升学率，就是建立在题海战术与回家反思的强制管理基础之上的，或许有的小孩确实适应这种方法，而对于大多数小孩而言，我想可能有比这更好、更科学的管理之道。只不过，忙碌的教学工作及考核老师的具体指标，可能让老师不得不采用这种简单而直接的方式。

我做学生的时候，小学与初中几乎没有作业，大多能在学校完成，偶尔带回家的作业也很少，用不了多少时间。父亲从来没有因为我的作业说过什么，如果要问，他可能会说怎么也不见我做作业；母亲见过我的本子，说字写得太乱了，让老师怎么看；奶奶见过我做作业的样子，趴在被窝里写（大概是天冷的缘故），她说一看我写作业的样子，就知道念不成书，哪有在被窝里学习成的？奶奶说对了，我确实没有把书念好，一个人要想把一件事情做好，单看他做事的样子，大概就可以明白得八九不离十。母亲的话也对，潦草的书写，让别人怎么看，一是看不清楚，二是看见自己潦草的态度。所以我现在对书写的规范，对书写时的坐姿，都看得异常重要。

我的高中，是在大量做题中度过的，那时还没有什么辅导资料，都是老师自己找题，整理、油印。学生做题时，往往纸上的油墨还未干，抹得手上都是。虽然习题做了一套又一套，但很多题我理解得似是而非，知识点似懂非懂，缺乏梳理与总结。如果要我现在对作业发表一点看法的话，

我想我应该这么说:

　　做作业是对知识加深理解的过程,所以一定量的作业还是要做的,我强调一定量,具体到每个学生,因为理解能力的差异、基础知识(已掌握)的差异,每一个学生都应该有自己的量。比如,同样一个新学的知识点,有的学生一听就会,然后做一两道题实践一下,就能达到对这个知识点的熟练掌握;有的学生听会了,做题却有些困难,究其原因,还是对知识点的理解不到位,所以这个学生可能就需要多做几道题,才能达到熟练掌握;而有的学生,听得也不好,以前基础也不好,要想把新学的知识掌握得和好学生一样,他就需要做更多的题,而且应该在做题过程中反复对照知识点,加强理解。作为老师,给学生布置作业,是站在一个班的平均水平上来布置作业量的,对好学生来说,只是个重复,增加一下熟练度而已,时间略有些浪费;对差学生来说,这个量就不够,应该私下自己给自己再加些量才好。

　　另外,作业的难度,也应该有一个适合自己学生的梯度,不能总停留在一个低水平上,太易学生会厌倦而不上心,不利于学生对该知识点的多角度理解,太难学生会畏难而退,合适的梯度才能逐渐提升学生的思维能力。

　　在做作业过程中,还应注意大题的书写过程,关键步骤不能遗漏。而且对做错的题和不会做的题,坚决不放过,宁肯在这些题上花大半天的时间反复琢磨和推敲,也要彻底弄清楚。有时,这样的一道题,就可以帮助学生彻底理解和这道题相关的全部知识点,这里一定要让学生慢下来,这里的慢,是以后学业中的快。

一所好的学校，会根据自己学生的水平，给出相适应的作业难度和作业量。同时，好的父母，在面对孩子作业时，应该有一个基本的态度，那就是书写要整齐，大题要写过程，错题与不会的题要有专门的作业本，至于作业量的多少，不要让孩子熬太晚，和身体比起来，学业微不足道！

一定要检查课堂笔记，因为课堂学习对孩子最重要

人生处处是课堂，有学校课堂，有社会课堂；有专门教你知识的，教你做人的，也有教你改变对这个社会原来的看法的；有教好的，也有教坏的。你的认知会决定你的选择，而你的选择反过来又重塑或改变你的认知。父母所传承给你的，老师所费尽心思教给你的，你所遇到的人或事都潜移默化地影响着你，都是这个社会要给你上的课，无论你是听懂还是没听懂，考试总要来的，你得做好这个准备。

我不想扯得更远，只想谈谈学校的课堂教学，以便给我们做父母的一个相对容易理解的参考。

我上小学的时候，学校就在我们村大队，老师也都是附近村的，上课听不听，老师在碰到家长时都会聊起。那时家长的态度也比较温和，都是

第 2 章　学习兴趣、习惯和自信的养成，比分数更重要

交给老师了，老师想怎么管就怎么管，和对自己孩子一样，想打就打，想骂就骂。老师也比较当真，真的又打又骂的，往往我们也知道自己的错，要么改，要么依旧调皮，老师也都按自己的方式在教育着他的学生。而现在的老师，不管学生有什么错都通知家长，让家长去教育。家长和老师都有自己的分工与职责，老师的缺位，家长的过度参与，都在伤害着成长中的孩子。但我们也得理解现在老师的不易，因为有些家长确实做得不好，而学校的考核对老师也形成一种威压。

我上初中的时候，到了我们镇上，老师和家长就基本没联系了，没有小学老师管理严，课讲得相对要好些，大多是上过师范学校的，不像小学老师，都是村里临时聘用的各村念过几年书又没念成的人。但在我的眼里，小学老师，更像老师。现在的学校老师，都清一色的大学毕业，但有些少了一个教师应有的胸襟，不知是进步了还是退步了。

我高中的老师，管得更松散，只是那时上高中的学生都已很优秀，学习也都比较刻苦努力。老师的课堂教学，无论教得好坏，学生一律都很认真。那时，对农村孩子来讲，读书考学是进城的唯一途径，只是考上的概率太低了，落榜是大多数学生的宿命，哪像现在，大多数人可以上大学，这是多么幸福的事。

我对儿子课堂学习的要求是，认真听课、做好笔记，但他是否认真听了，我无从得知，因为在这方面，学校老师和我们父母没有交流过，老师们只谈分数，不谈过程。至于课堂笔记，儿子偶尔做过，绝大多数时候没有做，我似乎也拿他没有办法，要求周末整理笔记与易错点，就更无从谈起。

我们这里的学校课堂教学模式，有传统的授课，也有过翻转课堂，推广最多历时最长的是高效课堂，黑板粉笔的传统教学工具换成了智能电子白板，有些地方，还推广了平板教学甚至双师课堂。我不能去评价这些课堂教学模式的优劣，很多东西要在时间的累积中，才能看出它的价值所在，但就一些基本的课堂要求，我还是有一点看法。

课前预习重要不？重要。但能做到不？有些学生能做到。能达到带着预习时发现的问题，进行针对性听课的学生，估计一个班不会有几个。作为老师，我也时常去听网上一些名师的讲课，看同一个知识点人家是怎么处理和讲解的，在这样的对比中，有时有收获，有时也不一定有收获。那么对一个初学者而言，他要想在预习中发现问题并关注老师讲解的侧重与疑难，实在是一个很高的要求，所以我在这里的建议是，去预习，能带着问题最好，这是一个逐步养成自学能力的过程，但不要太刻意。

想要在一节课中一直集中注意力，绝大多数学生做不到，除非这个老师讲得太吸引学生，如同讲故事一样引人入胜。知识本身有它的枯燥性和抽象性，不可能永远像讲故事一样，这就要求老师对课堂节奏的把握有紧张，有松弛，学生也应做好这种适应。

一定要记课堂笔记（天才学生除外），但不能陷进对老师所讲的内容的埋头书写中，应把重点、难点、老师特别提醒的地方，以及自己听课中忽然有感悟的地方，快速地记下来。不能因为记笔记而影响听课，那将得不偿失。记了笔记，课后不整理与反思，也没有用。在这一点上，家长一定要及时检查，帮助小孩养成这个习惯。记得有人说过，他把读书的人分成两类，一类是拿笔读书的人，另一类是不拿笔读书的人。两类人读书的效果截然不同。我也把听课的学生分成两类，一类是记笔记的，另一类是不记笔记的，请各位家长参考。

至于课堂练习与课中提问，我在这里不作赘述，家长可以参考学校老师要求以及自己的理解，帮助小孩。

如果还要啰唆一句，那就是课堂教学是学生学习最为紧要的地方，抓好课堂，就是学好最为关键的一步。

好的补课方式是什么

关于这个话题，我实在不愿意写，因为"双减"政策后，这个话题变得很敏感，很有热度。敏感和热点的东西，我从来不碰，热闹是属于别人的，我自守着属于我的平淡。就是人多的地方，我也不去，太吵，会扰乱我的宁静。但这个话题，对于父母来说，又不得不面对，我就有必要正面回答一下对补课的看法，错与对，仅属于个人观点，不一定具有参考价值。请谨慎对待。

我上学的时候，没听说过校外补课的事。初三时，因为中考，学校少放了几天忙假（夏季收割麦子的假），学生都在教室里温习功课，高三时也

何以为父：一位教师爸爸 18 年的教子反思与感悟

基本如此，当然我们上学时一直是单休，周末双休是我大学毕业很久以后的事。学生有什么问题，大多相互讨论，所以学习小组是我们鲜活的记忆。学生之间讨论不了才问老师，有时老师也讲得含糊，那就让问题似有似无地存在着。学得好与坏，都是学生自己的事，不好，你只能怪自己不努力、不聪明，与家长、老师、学校、别的同学没有任何关系。学生似乎也都想得开，没有谁嘲笑谁，因为大多数人将是高考考场的落榜者，考上的人总是太少太少！

儿子上小学时，我让他课外学过钢笔字与画画，没坚持几周，就放弃了，刚学英语时，在课外补了一个学期，其后再也没有补过。初中时，我自己开了辅导班，儿子却没有来补习过，因为他学习的热情已被学校老师的处罚消磨殆尽，哪里还有心思与兴趣来补习，再说又和我关系紧张，就更不愿到我办的机构来上学了。初三的最后三个多月，我看他市一检成绩太差，强烈要求他补课，他才开始补，我每天中午回家给他讲半小时数理化，还找了一个同小区的老师按我的要求给他补英语，别的课，让他按学校进度走。那时学校作业多，为了有时间补课，我专门找了他们学校老师，说孩子作业能完成多少算多少，甚至可以不做不交，课照常在学校上，具体结果我作为家长负全责。我得感谢这所学校老师所做的让步与支持，三个月后的中考，儿子取得了令我和学校都比较满意的成绩。

初中的知识，相对来说还是比较简单，只要学生基础不是太差，又愿意下功夫学，最后几个月，完全可以取得一个相对较好的成绩。但我不推荐这样的突击补习，毕竟学得快，忘得也快，基本功不扎实，会让孩子有走捷径的依赖，然后在高中学习中，往往容易掉下来。

儿子高中也没怎么补过课，只是哪一块知识有问题了，找个老师讲一两次，然后他自己去消化。我觉得这样针对个别知识模块的补习，可能对大部分学生更为有效。

在我开辅导班的过程中，有的学生报班以后进步很快，有的没有进步，甚至有后退的。我记得当时有一个家长，补课费交了不少，但每次这个学生来，都感觉没睡醒的样子，你给他讲知识，他好像在听又好像没在听，谈心交流提要求，种种方法，能想到的都用了，他依然毫无进步。我不得不多次请家长来，希望家长重新选个机构，或不用补了，但这个家长就是把希望寄托在我这里，结果是这个小孩终究没有什么进步。

补不补课，得根据学生的实际情况来决定。他愿意补，并能按老师的要求做，这种学生，基本都有进步，至于进步大小，还在于学生的努力程度和老师授课为学生所接受的程度；若学生不愿意补，只是家长一味要求补，这种情况大多没有效果，徒然花些家长钱，浪费些学生和老师的时间而已，甚至使学生更加厌恶学习。

好的补课方式，应该是学生把问题整理出来，先找同学，再问学校老师，还可以网上搜相关名师视频，最后才是找个老师面对面地进行辅导。而大多数学生，在长时间的补课中早已疲惫，哪能有什么效果？

还有些学生和家长，把希望全寄托在课外机构上，而忽略学校教学，实在是捡了芝麻，丢了西瓜。对于机构煽情的动员，作为家长，你得有一个清醒的认识，那就是谁也不是上帝，把你孩子的头摸一下，孩子就突然聪明起来。学习是一个循序渐进的认识和理解过程，没有做出努力，只想花些钱就可以帮孩子把成绩提上去，难免有些天真和不切实际。

补与不补,在于孩子对学习的态度,在于孩子在学习过程中对自己问题的梳理,在于孩子能否有针对性地让老师帮他找见阻碍他学习的症结所在,老师永远只是外因,真正的内因还是孩子自己的努力。

第 3 章

如果吼叫能解决问题,
那驴一定是世界上最厉害的物种

孩子喜欢看小说，会影响学习吗

父亲对我说过，不要读小说，会把你读废的，他就是个例子。我觉得他这话说得太过凭空臆造，父亲只上过小学，他那时书是个稀缺的东西，怎么可能读到小说，即使偶尔看过一两本，也绝对是家有藏书的学生偷偷拿出来的，能读到已是一种幸运，说把他读废，根本没道理。我小时候在家里看到过医书，是父亲从舅爷那里拿过来的，别的书一本都没有见过，父亲所谓的读小说，大概是从别人那里听来的吧，可我们村那时就没有读书的人，他又从哪里得来的这个稀里糊涂的认识呢？到现在，这个问题我都没想明白，那就作为一个问题，先搁置起来好了。

我上小学的时候，能读的课外书就是连环画，家里穷，没有钱买，都是借班上同学的，即使能借到的，也很少，毕竟大家都穷，谁有闲钱买这个东西。现在市面上把连环画当成了收藏品来买卖，自己也只能瞅两眼回忆一下过去。我上初中时，市面上的书就突然多了起来，有诗、散文、武侠小说、世界名著，买还是有些贵，租赁是最流行的方式。那时学校离家远，就把家里给的一点吃饭钱节省下来租小说，一本接一本地租武侠小说，压在课本之下偷偷地看。最为不幸的是，被一个老师没收后，他让我期末放假时再拿回去。这么长的时间，租书得费多少钱。我一遍又一遍地找老师说好话，打保证，但他都置之不理。还好，那个租书的老板，只是象征性地额外收了一点钱，这让人惶恐不安的经历。

我很难评价小说对我的影响，因为就武侠小说而言，基本除了故事情节让人着迷，语言与思想没有留下多么深刻的记忆，而且自己读书读得浅薄，都是快速地浏览，读完一个故事，也就忘了这本书的存在。不像诗和散文中那些优美的句子，总让人想着自己也能写上几笔。当然上课偷看对学习的影响，总还是有的。我们班上，当时就有几个同学看得痴迷，学习一团糟，还妄想自己能得到一本秘籍而出人头地，真像父亲说的，把自己读废了。

我上高中时，学习紧张，除读诗外，很少看别的课外书。班里当时有爱读小说的同学，读的都是名著类，如《三个火枪手》《简爱》《呼啸山庄》《基督山伯爵》等，这个同学后来也考上了大学，小说对他的影响我就很难做判断。

我对小说的喜欢，是在大学期间。那时没有学习上的压力，时间又多，待在图书馆看小说是最好打发时间的事了。或许我之所以读书不好，全在于读书只是为了打发时间，而不是为了理想与价值，或人生的奋斗目标。

大学毕业后，我就很少读小说了，喜欢看的多是一些哲学类图书，但都不甚懂，看得一知半解。

对于儿子，因为我不让他看小说，我们发生过几次大的争吵，我也动

第 3 章　如果吼叫能解决问题，那驴一定是世界上最厉害的物种

手打过他，还把他买的小说撕了扔在地上。在儿子面前，我表现出了对小说的极度厌恶，我很难分析我的这种心理，似乎只是因为儿子动不动被老师停课反思所带来的过激性反应。

儿子读小说，大概也是从初中开始的。小学时，他看得最多的是漫画，我有时会说他，不让他看，有时会装作没看见让他看个够。但他初中时看小说，我就实在忍不了。为了看小说，儿子时常半夜悄悄起来，把房门关上看，被我们发现了几次，我们要求他以后晚上不能关房门，为此，进行了一场又一场的讨价还价，有时他会按我们的要求开着房门，有时又会关上，关上就导致争吵，这样的争吵实在让人生气而疲累。有时，虽然他房门开着，屋子灯也关着，但他把书藏在被窝里，打着手电筒看。这些书真的有那么吸引人吗，竟能让他如此着迷！

我当时生气，有三个方面因素：一是儿子学习成绩下降，老师不断叫家长；二是他看小说过于痴迷；三是在我看来，他看的这些小说内容低劣且毫无价值。

我对儿子痴迷看小说的行为是这样分析的，当然这个分析是现在的看法，不是当时的理解，而且这个分析不一定就完全正确。

一是儿子在学习情绪上遇阻，得不到学习带来的欢愉，需要在情感上找个出口。

二是我们过于激进的做法让他的叛逆来得更为强烈，一定程度上，是我们推进了他对小说的痴迷，这是做给我们看的。

三是不断连载的小说情节吸引着他，至于小说内容的优劣，以他的年纪当然还不可能做出判断。再说，人的认知也会随着时间的推移有所变化，

不同的时段就会选择不同的读物。只是作为家长，如果我们能与孩子进行良好的沟通，并正确引导孩子读书，相信情况就会朝着我们预期的方向发展。强行禁止与命令的方式，往往在孩子这个年龄段，大多会适得其反。

我不想再对小说发表什么观点，我只是想说，书真的有高低好坏之分，选择一些好书，一些孩子喜欢且对他成长有利的书，还是有很多益处的，至于选哪些书，就得看各位家长的理解了。

父母的方式和方法，决定了孩子对游戏的态度

人生就是一场游戏，对这样的说法，我们往往难以认同，因为觉得这是一种很不严肃的人生态度；可是，短短人生，为什么非要在严肃中度过呢？我这里所要谈的游戏，并不是这种普遍意义上的人生态度，而仅仅指的是网络游戏本身。

作为父亲，我不知道该怎样面对儿子对网络游戏的痴迷。他打游戏，应该是从初三开始的。那时刚换了学校，他的心思也不在学习上，加之我们对他看小说的严密防范，他就悄悄地把注意力转移到了电脑上。他跟着新认识的同学偷偷去了网吧。真正发现这件事，是一次周末学校补课，老

第3章 如果吼叫能解决问题，那驴一定是世界上最厉害的物种

师通知我们说孩子没去学校，也没有请假，问是什么情况。可儿子一大早就背着书包出门了，我还没有他去网吧的念头，妻子却说有可能去了网吧。反正也没有地方可找，我们就去学校附近的网吧看看，不出所料，儿子确实在网吧，他坐在一台电脑前，两只手忙个不停，电脑屏幕上有一个人端着枪在不断地前进并射击，有人倒下，有人站起。那一刻，我的头嗡的一下有些发晕，因为身边有很多沉迷游戏的小孩，家长都已歇斯底里。我还一直庆幸，儿子不打游戏，现在他却打得如此忘我，我站在他身后几分钟，他都没有任何反应。

那一次我打了他，就在出游戏厅不远的地方，路上有行人过来，用严厉的口气制止我的粗暴。那个人生气的样子，似乎都要和我打起来。儿子躺倒在地面上，看我的目光，胆怯中混杂着无所谓，也似乎混杂着更深的怨恨，甚至那目光里透着一种从未见过的陌生。我到现在想起那时的行为，仍然甚为懊悔，作为一名父亲，我确实做得太不好了，我再次把孩子推向更不好的方向，但那时，除了愤怒，好像没有任何一丝的理智。

第一次把儿子从网吧逮出来后，就有了第二次、第三次……这种又打又闹的情况不知道有多少次，最终我们选择了妥协。只要他不去网吧，在家里打都行，只不过，在家里打，我们给他规定了时长。即使这样，他仍要过段时间就偷去网吧，直到考上大学，去了外地上学，让我们眼不见心不烦。大学四年，他基本是和游戏一起过的，毕业证算是拿上了，回到我们所在的城市上班，下班后还是在打游戏。每次看见他打游戏时把键盘拍得乱响，我总是忍不住想去说他，我的心跳都加快了，但想想也只能耐着性子和他沟通，而且这种沟通，还要在他心情好的时候，否则又变成了吵

架。我想一点点地让他减少打游戏的时长，我不知道，他什么时候才能真正把游戏只当成游戏，偶尔玩玩就行。

我做家教的时候，带过一个高一（本该念高二）的男孩，介绍人只说这个小孩学习不太好，让我费费心。说实话，不好的学生，作为老师都不愿带，因为很难出成绩，到头来还可能说老师讲得不好。可介绍人很熟，又难推托，就答应带带看。这个孩子反应挺快，一讲就明白，课间休息时，他却一个人走向楼梯的一边，站在楼顶的边缘，呆呆地看着楼下的路面。这个发现，吓我一跳，赶忙把他叫了回来，试图说一些别的话题，转移他的注意力，然后再了解一下他的情况。他却直接问我，老师你说从楼顶跳下去，会怎么样？我说不清楚，大概会摔残或摔死，因为我们所在的四楼不算高也不算低。他说摔死了就好了，如果摔残就很痛苦。我问他，为什么会有这个想法？他却问我，人活着，到底有什么意思？这不属于他这个年龄该思考的问题，也不应该以这样的方式来思考此类问题。

我本不打算带这个小孩了，他明显有心理上的问题，可我又推托不掉，只能尽可能地帮他疏导一下。每次补课两小时，我们俩谈话大概就有一小时，我庆幸，他能向我敞开他的心扉。

他是从戒网瘾学校出来的，他一直对我说，想不明白，为什么他的父母突然有一天，往家里引来了人，说给他换个好一点的学校，就把他骗进了戒网瘾学校。他并不认为，他对游戏已经沉迷到需要戒的地步，他痛恨他的父母，把他送进了一个完全不是人待的地方。他讲了那里面的种种非人待遇，他说人只要进过那里，就不再是正常意义上的人了！他更进一步说了这个正常意义指的是人作为人应有的尊严和荣辱观，是作为一个人所

第 3 章　如果吼叫能解决问题，那驴一定是世界上最厉害的物种

认为的人的美好，都不再存在了。

我不知道他当时玩游戏到什么程度，以致他的父母会下那么大的决心。从他口里，我知道他的母亲还是我们这座城市的一个相当有地位的领导，也了解到他从小打乒乓球、篮球、羽毛球，还练钢琴、小提琴、画画。他的童年，都是从一个机构奔波到另一个机构。我喜欢打乒乓球，问他打得咋样，他说本来可以进省队，但年龄超了一点。我相信他所说的，因为在我眼里，这个小孩确实很优秀了。有一次课间，隔壁教室传来琴声，他说这是什么曲子，应该怎么去拉，而且说那个教琴老师哪里拉得不好，我是音盲，但我能听出他说得比较专业。

原本一个优秀的小孩，就这样被父母的一个决定毁了。我真的不能理解父母送他进戒网瘾学校的这个荒唐的决定，或许是我不知道这个小孩对游戏沉迷到了什么程度。我得庆幸，儿子沉迷游戏时，我最后做的适度妥协。

这个小孩对我说，他母亲对他的要求是考北大、考清华，对他做任何事，都要求做到最好。我对他说，你已经做得够好了，至于考不考得上北大、清华，没那么重要，重要的是你过得开心，按照自己想要的方式努力了就行。

我带了这个小孩一个假期，很高兴他发生了较大的变化，虽然还时不时有些不合适的想法，但比刚开始时好了许多。那时，我很想见见这个小孩的母亲，和她聊一些关于成长的话题，但我最终没有见到她，毕竟人家是领导，面对我这么一个普通人，听我讲成长，岂不可笑！

我把这小孩的事啰唆了这么多，是想告诉每一个面对孩子沉迷游戏的

家长，你的方式和方法，决定了孩子对游戏的态度。

我不想从游戏的内容上讨论它对一个小孩思维的影响，不想讨论游戏的上瘾程度，也不想讨论国家是否应该对游戏立法，我只想说，孩子是你自己的，你得在他要走弯路时，尽量让他少走，出现问题时能始终保持和孩子共同面对，不要试图把他推出去，交给你认为花钱就能解决问题的机构，孩子毕竟还只是孩子。

别因为分数使孩子失去对学习应有的热情和态度

孩子分数的高低，似乎就是父母的颜面，高了则面露喜色，遇人高谈阔论，或故意降低身段，说这次不算，还得看后面考得如何；低了则脸上无光，遇人寡言少语，或怨声载道。

对于孩子而言，分数是他或她在家庭有无发言权的标志，高了则可以滔滔不绝，低了则是父母滔滔不绝。分数俨然成了一家人喜怒哀乐的触发器，决定着一家人情绪的好与坏。

在我的记忆中，父亲对我学习分数的关注有过三次。第一次是小学毕业考试，那时考不好是要留级的，我的分数是同村一个在教育局上班的长

第3章　如果吼叫能解决问题，那驴一定是世界上最厉害的物种

辈来告诉我父亲的，说我考得很好，是全校第一、第二名的分数，就是在全县，也是很高的分数了，说不定以后能考上大学，让我父亲好好培养。父亲常年严肃而无喜色的脸，难得笑容满面，激动得都忘了让这个人进屋喝杯水。父亲是诧异的，在他的眼里，我好像不可能考这么好，毕竟很少见我学习，我从学校回来，总是给猪拔草或做别的家务，父亲未曾想过家里以后还会出一个读书人，在他心里，我以后会和他一样当个农民。这样的高兴，也就持续几天，过后生活的艰难又让父亲愁眉不展。

第二次是中考分数出来，学校竟然叫我回去复课，准备参加中专升学考试。那时的中专，收的都是高分学生，一个班能参加中专考试的，就我当时所在的初中，也就一两个人，我们班就我一个。父亲高兴得逢人就发烟，似乎我已经考上了中专，成了城里人一样。然而很不幸，我以一分之差落选，父亲听到后唉声叹气，这种失望和遗憾的情绪，在低矮阴暗的土房里，持续了好久都不曾散去。

第三次是高考的分数，我是补习了一年才上的大学，大学录取通知书来时，父亲依然是高兴的，只是高兴的程度已经没有当初中专刚预选上时的强烈。可他哪里知道，中专学历现在已经是较低的学历了。而大学文凭，让我在社会上收获了不少被别人羡慕的神色，虽然并没有多少实际用处！

其余的时间，家人好像都没有问过我的分数。生活的艰难早已把一家人的心思牢牢地限制在吃饭穿衣看病上了。

儿子上学期间的分数，我不太关注，我更加在意他学习过程中努力与否，因为分数只是对过程的一个展示，只是结果，对着一个已经无力改变的事实嚷嚷有什么用。我把这个观点反复说给妻子听，让她明白平时督促

的重要性，分数出来后，要理性面对。妻子也明白这个道理，每次成绩出来前，我们都要统一认识，那就是无论分数多差，都不发火。

通常在分数出来的第一天，家里除儿子的情绪不高外，我和妻子都尽量不去谈分数这个话题，但分扣在哪里，总得分析分析，以便下次能考得好些。结果总是妻子在和孩子沟通分析时，因孩子不端正的态度，之前压制的怒火腾地蹿了出来，一场家庭因为分数的吵架大戏，就迫不及待地开始了。妻子的吼声、叫骂声，儿子的反驳声，使我忍不住动手去打儿子，原本计划的理性处理，总是变成更为激烈的情绪化反应。

儿子的分数，说实在话，总是月考不行，期中期末稍好，然后大考还行，分数起伏很大。我的分析是他学习习惯不好、自律性差，抓得严了，分数就高，稍一放松，分数就低。这种分数起伏大的小孩，如果自己不觉醒，全靠别人的督促，大概率都走不远，所以小学阶段的习惯塑造太关键了，这是习惯未养成须付出的代价。

中考时，儿子成绩好，但我知道，这是短期恶补的结果，基础不牢靠，高中必须好好抓才行，但高一、高二我们却疏于管理，以致班主任通知我去学校时，我才惊觉他退步如此严重。这个班主任很好，说话客气，对孩子的情况也讲得比较客观，对我们的建议也很中肯。那时儿子的分数排名已从刚进校时的前一百名，落到年级的后五十名，用班主任的话讲，开始还觉得他能考个好大学，现在估计连二本（当时二本与三本还未融合）都悬。这个学校的一本上线率在百分之六十以上，二本几乎就是百分之百了。这时高二即将结束，高三马上开启，我和妻子不得不在学校附近租了房，开始陪读。

第3章　如果吼叫能解决问题，那驴一定是世界上最厉害的物种

儿子高考成绩出来，可以上一个差不多的一本。和他当时上高中时考分一样，与我的两个同学的小孩高考分相比，差了近一百分，那两个小孩一个上了985学校，一个211本硕连读。产生这么大的差距，是我们高一、高二没抓学习的缘故。我分析了好多中考成绩差不多，而高中三年抓与不抓的区别，在一百分左右，这些学生，没有智力上的区别，只是习惯或管理问题。如果你有小孩正读高中，孩子自律性又不够，那请你务必在这一时间段多费些心思。高考，毕竟在现有体制下，仍然是人生的"分水岭"。

儿子大学4年，我们也管不上，问过分数，有个别科目补考，研究生考试未过，分数多少，他不愿意讲，让他再考一年，他则选择了上班。对学习而言，他可能实在缺乏了那种热情。这种热情，是在初中阶段被彻底消磨的，有我们父母的责任，有孩子自身的原因，还有遇到不称职的老师的缘由，但一切都已成事实，这或许就是孩子的命运。

如果你是一个在职教师，碰巧看到了这篇文章，我希望你能有教育的情怀，因为对你而言，或许对不起一两个小孩很正常，但对那一两个小孩而言，是一两个家庭，有可能是整整一生的对学习态度和生活态度的彻底改变。

作为父母，我们很难去苛求老师，那我们就尽量做得更理智些，能发自内心地对孩子的分数保持心平气和，尽量让孩子保持对学习应有的热情与态度，这是孩子在学习道路上能否走得更远的有力保证。

开完家长会之后，生气没有任何意义

我当学生的时候，无论是小学、中学还是大学，学校都没有开过家长会。学校和老师也没有现在这么大的压力，老师只要认真教书就行，教得好坏，学生学得优差，都没有关系。

学生学习好坏，那时的家长也绝不会怪学校和老师，都会以平常心面对，偶尔有打骂孩子的，也大多与学习无关。学校的老师不会强调家庭教育的重要性，也不会将学生学得不好甩锅给家长。大家彼此都明白自己的角色与责任。

不知从什么时候开始，家庭教育被喊得特别响，以为学生的问题大多出在原生家庭的教育上，给本已对孩子学习焦头烂额的父母，又添上原生家庭教育的罪过，让他们在双重的打击下，愈加憔悴。

家长会成了家校齐抓共管的举措，成了个别老师甩锅，家长挨批或受表扬的场合。老师的权利得到进一步的延伸，似乎学生的家长也成了他该教育的对象，特别是个别名校的老师，更是不可一世，仿佛他们就是救世

第3章　如果吼叫能解决问题，那驴一定是世界上最厉害的物种

主。而那些教学质量不好的学校老师，又胆战心惊地面对有些家长的质疑与诘问。这让家校关系骤然间变得复杂起来。

儿子上小学时，学校开家长会，都是妻子参加的，好像也没什么事，至少没记得妻子回来过分讲过什么，估计都是一些学生管理中的琐事。上初中时，因为和班主任关系紧张，我去过学校好多次，每次去了都被老师教训一通，如不要以为把孩子送进我们学校，你们家长就可以高枕无忧，老师只是教学，成不成才都是你们家长的事，或是现在忙于挣钱不管小孩，到时有你后悔的时候……如同背诵常用名句似的一大堆。我不敢反驳，也不能反驳，孩子就在人家的手掌心，被人训，也该。家长与老师之间那种平等的交流不知道跑哪里去了。这样的方式让家长除了生气，还能做什么？

儿子上高中的时候，我也参加过几次家长会，老师说得比较笼统，也不太专门针对一两个家长，多以正面的提醒为主，具体孩子的问题，可以私下找班主任谈，但高中班主任也都带课，本身已很忙，管理大多还得靠学生自己，班主任大多谈的，是每个阶段应注意的学习上的侧重，那种对学生纪律和学习态度上的管理，就很少谈了。

我在学校教书的时候，没做过班主任，作为授课老师，也参加过家长会。会上我一般讲两层意思：一层是如何面对学生成绩。如果看到孩子成绩不好，可以发火，可以打骂，也可以让自己静下心来和孩子一起分析学习得失，还可以暂时先把这次考试的事放放，过两天再说。如果仅为了发泄怨气，可以大吼大叫，可以对学生动手，但如果想解决问题，还得好好考虑如何与孩子沟通。另一层是讲我所带的数学课，大部分学生还存在什

么问题，应该怎么解决，家长应该在此时做哪些配合。私下也总会有家长找我沟通关于数学学习的问题。关于家庭教育的问题，很汗颜，我对儿子的教育基本是失败的，没有经验，大多是教训。

现在社会上还有专门的家长学校，我想，纵使我们作为家长，坐在那里学了，也不见得就能做好家长，因为好多理论听上去很好，常常无法执行，而无法执行最根本的原因，是家长做不到改变自己。往往孩子的事情一出来，家长的第一反应一定是情绪化的，很难有一个理性的声音提醒自己，教育孩子的度一定要把握好，过了就会适得其反。教育孩子的过程，其实是家长不断自我改变的过程。这种自我改变太难了，又有几个人能做到呢？

现在的学校教育，全着眼于文化知识，以分数为导向，不重视学生性格的塑造、心态的培养。而家长又实在由于生存或生活的忙碌与焦虑，急于求成，希望孩子一下子就变得特别优秀或听话，而忘了孩子毕竟是孩子，是在不断地犯错中逐步长大的。面对孩子的错误，很多家长会用更为错误的方式和手段，一次次地把孩子可能变好的教育机会浪费掉，搞得一塌糊涂，弄得自己身心俱疲。孩子累，父母累。

什么时候学校能够改变只重视分数、不重视育人的情况，家长真正可以做到言传身教的示范，那才是孩子的福音，人生的美好！

第3章　如果吼叫能解决问题，那驴一定是世界上最厉害的物种

认定孩子必有一个叛逆期，是严重的误导

儿子叛逆的强烈程度与叛逆的时间之长，让我始料未及，我不得不认真地思考我们作为父母自身的问题，这已经不是一个叛逆期就可以搪塞的事，而是让人惊恐于这可能是叛逆性格的使然。

以前学《教育心理学》，学到人的叛逆年龄段，学到关于叛逆的种种表现，以及如何正确面对叛逆的一些措施与建议。作为老师和家长，又常会听到"初二现象"，仿佛叛逆就是某个特定年龄段的必然产物，不用大惊小怪，时间过了，自然一切也就正常了。这是一个多么错误的理解，一个多么想当然的有害思维啊！

回忆一下我成长过程中的叛逆，完全可以归纳为对父亲的反抗。对于母亲和奶奶的所有言行，我都是非常听话而顺从的，从来没有产生过一丁点的不情愿与反对；而父亲的所做所言，似乎都让我反感，甚至在父亲打我时，和他对抗还手的想法都有，父亲越说不行，我就越要这么干。深刻地分析一下产生这种结果的原因，大概有这些：一是父亲的管理从来是简

单而粗暴，让我从心理上产生了隔阂与疏远；二是父亲对母亲不好，总是骂，有时还会动手打，我无法接受；三是父亲好赌博，总是把一家人地里的辛苦所得，拿去打牌，导致家里总是一贫如洗；四是父亲没有作为父亲应有的担当，给一家人以物质上的改善；五是父亲懦弱的性格，只在家人面前发火，而在外人面前唯唯诺诺。写了这么多父亲的不是，得原谅我作为他儿子的不孝，说实在话，当时我就是那么看自己的父亲的，所以顶撞他，和他对着干，总以为自己就是对的，丝毫不认为这是自己叛逆的行为。现在父亲老了，我也不小了，也能理解瘦弱的父亲面对繁重的农活、面对农村以气力取胜的原则时，他的不易与艰难。生活施加给他的贫穷、委屈与难过，他又能把这些负面的情绪发泄给谁？

儿子的叛逆，是从被班主任罚站并让我领回家以后开始的。那还是初一的事，我记得很清楚，回家的路上我打了他，他没有反抗，只是默默地忍受着。慢慢地老师让他回家反思的次数越来越多，我们之间，从开始的他不说话，变成了他的愤怒和对我们的咆哮，似乎他受了多大委屈似的，再去动手打他，他先是躲，再是拽着我们的手臂，后来就发展成了对我们的推搡。打我们，他确实没敢这样，在这一点上，或许我们得理解孩子当时的忍耐与克制。

原本以为，初二下学期就会好些，以为这是叛逆期孩子的正常反应，谁知即使初三换了学校，他对我们的说教，还是和以前的反应一样，来得迅猛而激烈。许多次，我只想淡淡地给他提个醒，都由于他的过激反应，最终演变成一次家庭的大吵闹。我们居然粗心地没有看到，孩子已经在发生很大的性格上的转变。高中的情况没有比初中好多少，还是隔不了几天我们就会吵闹一场。儿子痛苦，我们难受。

在这里，我想澄清一些我的观点。

第一，认定孩子必然有一个叛逆期，是一种错误，也是一种严重的误导，会让家长产生此期一过，孩子就会好的错觉。理论上的叛逆期之说，值得商榷，或者应该做更进一步的补充说明。

第二，所谓的叛逆，其实是父母管理子女不当，累积起来的风险提示，大多集中在某个年龄段爆发出来，此时，父母应该给予注意，并从自身开始改变做起，而不是从孩子身上找问题。

第三，过分的叛逆会造成很大的恶果，作为父母，一定要彻底认清这种叛逆的危害，学会倾听孩子的心声，认真地和孩子一起积极寻找可以改变的途径与策略。

第四，消除叛逆的根本法则就是让叛逆不要出现，也就是在孩子小时候有什么问题，随时可以大胆地提出来，和父母一起解决与分享。没有问题的累积，就不会有叛逆行为的出现。

第五，作为父亲，给孩子塑造有担当的形象，也是从根本上消除叛逆的可靠途径。

如果再要总结一下"叛逆"这个词，那就是在父母错误的管理形式下，一个小孩负面情绪的临界发泄。

孩子痴迷手机，到底该怎么办

儿子发工资后，缠着我，非要给我换个新手机。旧手机虽然有些卡顿，但还能用，所以我很反对他给我换手机的决定，但最终拗不过他的坚持。在那份坚持里，我似乎看见他上高中时因为手机而发生的那件事，所以就同意了他的要求。说心里话，旧手机还好，换了真有些浪费和不舍。

高中时，有一次周末在家，儿子在规定的玩电脑游戏时间结束后，又把手机拿上玩个不停，说了好几次让他停下来去看看书都没有用，我一急，从他手里把手机一把夺过来，狠狠地摔在了客厅的地板上。随着啪的一声，手机被摔成了几块，散落在客厅的地板上。儿子异常恼怒地看着我，那眼神似乎充满了仇恨，忽地，他一把抢过我的手机，也摔在地上，并狠狠地用脚去踩。那一刻，我呆住了，看他已经失去理智的样子，我选择了沉默，选择出去走走，我想捋清我的思路，想知道接下来我该怎么办，但我什么也没有想清楚。随后的时间里，是彼此不说话！

他刚上班就执意给我买手机，或许含有那件事情的因素，只不过他不

第3章　如果吼叫能解决问题，那驴一定是世界上最厉害的物种

愿意用语言表达出来，想用一部新手机来弥补自己曾经的错误。也许，他没有想那么多，但我希望他是带着这种对过去的释怀来做这件事的，所以坦然接受了儿子的好意，也是对他的理解。儿子第一次出远门，回来带的是一款清火的牙膏，彼时我就已看出他对我的在意，因为我的体质不知为何，总是口腔上火，易溃疡。儿子其实可能从心底也一直想缓和甚至改变与我之间这么严重的父子冲突。

有时候，不得不佩服乔布斯的伟大，居然让一个小小的手机具有了电脑、照相机、电话等多种设备的功能，这种改变，也极大地让人对手机产生了某种扯不断的依赖。同时，手机上各种 App 的大量下载，又从内容上持续而深入地改变着人的使用情况，它以一种基于时长的算法，不断地推送着你可能感兴趣的话题，执拗地强化着你对该话题的关注，从各个角度与内容上，有意无意地引导着你的阅读。从现象上看，是你自由选择内容，而从本质上去解读，有可能是算法在规划着你的方向，在引导着你的选择，你可能只是算法牵着鼻子走的一个毫无自己思想的行尸走肉。请原谅我这样大不敬地用词。

我所在的学校规定，学生进校园一律不准带手机，带来手机的学生，全部要交给班主任管理，直到周末回家时才能领取。如若不交，一旦发现，当众用榔头砸烂。即使如此，学生也变着法地和班主任斗心眼儿，交个坏的，或交一个藏一个，每次突击检查，总能收上几部手机，砸烂的有，但老师觉得可惜，大多通知家长来取，或放在老师那里，等学期结束再还给学生。那些不自觉的学生，几乎成了手机的奴隶。其实作为老师，我们也很难控制自己看手机的时间，这不知是人类的进步，还是人为挖的坑井。

何以为父：一位教师爸爸 18 年的教子反思与感悟

市里的其他学校，我看也都限制学生带手机进校园，手机成了学校、老师、家长管理孩子一个绕不过的难题。教学质量好的学校，在这一方面相对要好些，但这并不是该校管理比其他学校到位，而是他们本身招的学生自律性就比较强。不同的学生情况考验着学校的管理水平，不同的孩子情况同样考验着父母的管理水准。

我常想，在一些算法的设计上，国家能否出台一些相关的技术要求，在不自觉的相关内容推送上做一些调整，有一些人为的设置或变向，让人能从与手机内容的对峙中逐渐解放出来，让自己能够真正自由选择内容。

儿子下班回家，除了用电脑打大型游戏，就是不断地拨弄着手机屏幕，有时是手游，有时是一个又一个看似他感兴趣的短视频。沟通提醒以后，好不了十分钟，又玩上了，仿佛另有一个声音在不断督促着他：赶快拿上手机，那里有你喜欢的内容在等着你。

常常我也是手机的俘虏，在一天的很长时间里，是手机在帮我打发着光阴，如同我的父亲，总是一天到晚开着电视，一个频道一个频道地寻找着自己喜欢的节目，然后在那些节目里让时间流逝。

为了对抗手机，我每天规定自己看手机的时长，而且尽量减少这个时长，同时让自己树立一些目标，在完成目标的过程中，逐渐淡化自己对手机的使用。这是一个艰难的过程，我希望我能做得好一些，也希望儿子有一天也有这个意识，去做出自己应有的改变。

第 3 章　如果吼叫能解决问题，那驴一定是世界上最厉害的物种

儿子上高中时喜欢上了一个女孩

对于父母这一辈人来说，"爱情"是个稀罕的词，他们的心里只有家庭与收成，什么爱与不爱都没有填饱肚子重要，所以就没有见过村里父辈这一代人有离婚的，吵架与打骂是常有的，但绝不影响他们把生活过下去。

张贤亮有一部小说《灵与肉》，后被改编成电影《牧马人》，其中的主人公说他们的爱情是从婚后开始的。这可以被看成父母乃至上一代人的爱情观。但这样的爱情观，我们这一代人或许是很难理解的。或许是我们把爱情想象得过于美好与神秘了，以致在现实生活中，很难去找到真正的爱情。我们这一代人的爱情，在我们这一代人的作品里或在我们对爱情的想象里。

父母是应媒妁之言结的婚，母亲家成分不好，看上了贫下中农的父亲家的成分，父亲没有让母亲失望，把这个贫下中农的本色发挥得淋漓尽致，从来没有让家里富裕过，把家过成了村里最穷的，常年要靠借亲戚家的钱来维持生活，父亲还动不动发脾气乱骂人，让一家人不得安生过日子。他

骂母亲是经常的事，现在都老了，母亲说句话，他还骂骂咧咧的。我实在看不下去，但也没有办法，就这样，他们也过了一辈子。

我高中的时候，偷偷喜欢过班上一个女生，可我哪里敢向她表白，班上喜欢她的男生太多了，我又算得了什么。大学期间，在省会城市上学，我作为一个乡村来的穷娃，被深深的自卑包围着，除了偶尔多瞟几眼长得好看的女生，就只能默默地钻进图书馆，用阅读来打发时间了。妻子是上班以后在单位谈的，好像也没有想象中关于爱情的浪漫，只是下班后一起吃饭闲聊打发时间，然后结婚、生子，一起为生计忙碌。

儿子高中的时候，说他喜欢一个女生，向她表白，但这个女生未搭理他。那段时间，他的情绪有些低落，我对他说："你现在还不明白爱的含义，不明白爱的责任，爱她就应该给她最好的，可你现在什么也给不了，高中阶段是最关键的时刻，你这样做，只能影响人家，那不叫爱。"儿子认为我说的都是老一套，根本不适合他们这代人，那他们这代人的爱情观又是怎样的呢？

元好问有一句诗，"问世间情为何物，直教人生死相许"。我想古代人和现代人，对爱的理解，大概也没有多大的本质区别吧！

朋友的女儿初中时被同学追，朋友对他女儿说："如果你现在谈，那么这个娃即使是你们班最优秀的，那也仅限于你们班；如果你考上全市最好的高中或全省最好的高中了，那么你遇到的就是全市或全省最优秀的；如果你考上全国最好的大学了，那你遇到的可能是全国最优秀的；如果你考上全世界最好的大学了，你可能就会碰到全世界最优秀的，你到底要选哪个层次的优秀，决定于你。"朋友的说法对与错，很难去评价，反正他的女

第 3 章　如果吼叫能解决问题，那驴一定是世界上最厉害的物种

儿后来考了名校去了国外，至于爱情或婚姻怎样，也不得而知。

另有一个朋友的儿子，高中时追一个女生，那个女生说他们一起努力考大学，等考上好大学以后再谈，结果那个本来学习一般的男娃，居然考上了一所211大学。当然这是一个特例。大多高中谈对象的，都对学业有影响。

儿子大学的时候，我鼓励他去追求他喜欢的女生，因为在我看来，大学应该学有所学，爱有所爱，结果儿子却一直在游戏里打发着他的时间，实在让人为他遗憾。

我在学校里，也常面对谈恋爱的学生，老师一般严令禁止，我常对学生说，别把爱看得太廉价了，保持距离，把爱藏在心里，默默地和对方一起努力，去争取一个好的未来，才是对自己和对方的尊重。现在这个社会，大多把爱看得一文不值，如果你们心里真正爱对方，就应该还留有一份单纯与美好。

儿子已上班，也到了谈对象的年龄，但我和他关于这方面的沟通很少，因为我也发现，确实这一代人对爱情以及婚姻的理解，和我们那代人已有了很大的不同，按老的标准，怎可能找见他们新标准中的幸福呢？

看一看我们村现在的年轻人，离婚率太高了，无法去评价这些，或许在每个人心中，都有一个自己关于爱情与婚姻的圣殿，找见或找不见，那都是他生命的必然。

如果吼叫能解决问题，那驴一定是世界上最厉害的物种

如果吼叫可以解决问题，那驴一定是世界上最厉害的物种，而不应该是人。我常把这句话，作为对自己的一个提醒。

已经忘了是从什么时候开始对儿子吼叫的，大概在儿子一岁吧。面对儿子不知什么原因引发的哭声，我就大声朝他吼一下，让他不要哭了，否则就把他扔到外面去。在突然的一声吼叫后，儿子会短暂停住哭声，惊恐地看我一眼，接着哭声比之前更大。那时我就一把拽起他，在他屁股上打几下，让他不要再哭，但这样做的结果是哭声比先前更响亮。慢慢地，他好像知道了，在我一声吼叫后，如果他不停住哭声，就要挨打，他便停了哭声，等有人再来时，才又放更大的声哭。

好长时间，我都没有怀疑过自己的这种做法有任何不对，因为我就是在父亲的吼叫与打骂中长大的，即使有错，在我的潜意识里，恐怕错的也不该是我，而是我的父亲。但我似乎忘了，我是如何惊恐于父亲的这种管理方式，是如何与这种管理方式针锋相对的，又是如何这么多年来，与父

第3章 如果吼叫能解决问题，那驴一定是世界上最厉害的物种

亲不能从心底里达成和解。

同样作为父亲，我们都是用如此简单粗暴的方式养育我们的孩子，这是多么缺乏父爱与耐心的方式啊。我不能谅解我的父亲，同样我的儿子，也肯定不能谅解我的所作所为，无论是以怎样出于爱护的初心，但方法一定是错了。

我永远无法忘记父亲突然的吼叫声，如同滚雷一样炸在自己的耳边。那种短暂的不知所措、心跳猛然加速的慌乱、以为自己又犯下什么大错的后怕与恐惧，以及知道随之可能要来的巴掌与抡起的笤帚把，都深深地留在了我的内心。这种行为的日积月累，造成了我胆小、怕事，稍一有事就慌乱无助的状态，即使事情没什么大不了，也总是惴惴不安、如临深渊。我无法去埋怨我的父亲，只能靠自己不断地调整来抵御这种极易不安的心神。

然而多么遗憾，我竟把这种方式完全照搬了过来，套用在我的儿子身上，那不断重复的悲剧，在这个家族里毫无节制地再现。

剖析一下这种错误教育方式的延续，有这几点值得警醒：一是父亲对自己的影响是深刻的，父亲错了，自己跟着错。二是自己意识到这种错误，但太晚了，直到发现儿子也出现这种吼叫和易怒的状态，我才醒悟过来。三是忙于生计，让自己忽略了对儿子的教育，忽略了对一些教育方法的思考。四是自己也过于感性，容易受情绪的影响，导致错误行为。五是急于求成，想把儿子不好的行为一下子纠正过来，结果适得其反。六是在教育过程中，求全责备，只要一出错就批评，扼杀了孩子对做事的主动性，导致他凡事总要问父母，毫无主见，又生怕做错挨批，所以做事放不开手脚，

战战兢兢，从而错误百出，以致更不敢再去做事。

这样导致的结果是孩子胆小、怕事，遇事紧张慌乱、易情绪化，容易生气、吼叫、埋怨、自怨、缺乏自信，意志不坚定，在社交和做事中，失去应有的乐观与动力。

我想从现在开始，努力帮助孩子走出这样的错误认知，让他在做事时敢于直面自己的错误，并且作为父亲，能给他充分的理解以及善后的处理，让他明白，其实错了也没什么，努力向好的方向改进就行。鼓励与坚持，心平气和地沟通，默默地为他做一些实际的引导，才是我以后该做的事。

收起我的脾气和这脾气带来的愚蠢的吼叫，不仅是因为我老了，已经没有了脾气，更重要的是我得给孩子树立一个榜样，让他以后做父亲的时候，能清楚地认识到这种错误，给他的孩子一个不一样的父亲的成长陪伴。

孩子那慷慨措辞的背后，不是坚强，而是脆弱

我不想让你看见我的脆弱，我把它装饰成了另一个模样，这模样真的惹你生气了，让你伤心了，可是，你没有看见，在这些外饰之内，是同你一样深爱着对方的脆弱。

第3章　如果吼叫能解决问题，那驴一定是世界上最厉害的物种

父亲的脆弱是明显的，在那无能为力的事实面前，要么咒骂神灵眼瞎（可是他平时根本不相信神灵的存在），要么肆意谩骂家人，要么蹲在墙角自怨自艾，要么以头撞墙自我伤害，这些情景在我的脑海里游荡了好多年，使我在鄙视父亲的同时，又深深地为生存的艰难而暗暗担惊受怕。

我从来不会把自己脆弱的一面展示给别人，特别是自己的家人，因为在那种展示里，有我深刻的嫌怨，那是父亲留给我的反省，我必须以坚强的方式，维护我被生活虐得体无完肤的最后的可怜的自尊。正因为这样的理解，在我的概念里，早把脆弱这个词抛得干干净净。也正因如此，才让我忽略了儿子在成长过程中的脆弱和对他的鼓励。直到有一天，儿子的脆弱那么强烈地呈现在我面前时，我才知道，这些年我对儿子的冷冰，我所谓的那些大道理，是引起儿子叛逆的重要因素。

儿子高考的前一天，因为考场离家远，妻子想去陪考，我认为没有必要，肚里有东西，自然卷子上有写的，肚里没货，陪考又有什么用？还能让他分数提高吗？拗不过妻子的坚持，还是去了，但儿子不愿和我们在一起，他和他一个同学登记的房间，我们只能在另外一间。第一场考试前我们没有送他，怕他嫌我们烦。考试结束，我们在考场外等他，远远地从一群学生中，看见他神色慌乱的样子，就预感不好。从考场出来，带他去吃饭，他没有反对，只是默默地跟着。饭也没吃几口，就说饱了不吃了，问他中午在哪里休息，他说听我们的，说昨晚住的房间隔壁有打麻将的，吵了一晚，他没睡好，又说考得不好，神情很低落。他同学过来打招呼，他也是有气无力的，还是他的同学对我们说，他状态很不好，让我们陪陪。

中午让他小睡一会儿，平静一下心情，考过的不要再去想了，准备后

面要考的就行。可他睡不着，喘气也比较粗，这状态可吓坏了我们，但又不能说什么，只能让他不要考虑太多，即使考不上，也没什么关系，像我们俩，都大学毕业，还不照样过得恓惶。面对此刻儿子的情况，我突然觉得考不考得上真没关系，只要人好好的就行，那些以前对儿子的要求，对高考的看重，此刻都变成了我的担心与忧虑。

说心里话，我从没见过儿子的情绪这么低落，他表现出来的都是和我们唱反调，似乎他明白一切事理，而且总是有道理，也似乎他总是那么坚强，不需要我们任何的提醒与干涉。这种表面的情况误导了我们，或许在他慷慨措辞的背后，不是坚强，而是脆弱。我们一次次地错过了对他真正的了解的机会，错过了在他脆弱时给他鼓励和支持的机会，我们总是把他推向实际情况的反面，才造成了我们之间一次次的争吵和背离。直到高考时看见他的这种状态，才让我幡然醒悟。

还好，在接下来的考试中，儿子的情绪逐渐平复，考试结果虽然没有完全发挥出他的实力，但和平时的测试也没有过大的出入，是我们能接受的成绩。话又说回来，不接受又能怎样，再说了，人生其实是一场漫长的比赛，所谓的起点高低，固然有一定的道理，但持续地努力一定会弥补起点的差异，突破起点的局限，让人站在一个别人意想不到的高度。我和妻子相比好多同龄人来讲，按说起点高了一些，但我们在毕业以后丢失了持续的努力，丢失了对自己的要求与目标，所以活成了现在这个样子，又去怨谁？

当我把这些对人生的领悟讲给即将上大学的儿子时，他又表现出了以往不屑的态度。我想发火时，想起了儿子考试时的样子，就放弃了以前居高临下的态度，我要学会与儿子沟通，但这样的沟通很难，常常因为他的态度而濒临崩溃，可我不会再走以前的老路，我想从他的执拗与倔强里，找出他真正的脆弱，找出他需要我帮他的那部分内容，找出他要做的努力，并对他的努力给予鼓励与帮助。当然有些东西是他必须独立去面对的，我只能看着他受挫折，看着他失败，看着他无助。有一种坚强，是在脆弱之中诞生的，只有这样他才会走得更远。

现在，我也会把我的脆弱展现出来，也会对很多我无力改变的事实表示理解与接受，也会对努力之后无法实现的目标坦然放弃，不再苛求自己，也不再嫌怨别人。或许，每个人都有自己的方式来表达自己的脆弱，那是一种成长或释放的需要，是从一种坚强走向另一种坚强的驿站。在那里，一个人会看见自己以后要走的路，并充满力量地走下去。

希望父母在教育中，多给孩子讲解一些生活常识

直到要送儿子去外地求学，我才蓦然发现，原来在这么多年的养育的过程中，从来没有给他讲过生活的一些基本常识。而学校对生活常识的教育，也是少得可怜。

何以为父：一位教师爸爸 18 年的教子反思与感悟

或许儿子的心，早已飞向外面广阔的世界，可他哪里知道，这将是他开始独立面对这个世界的开始。有一句歌词是这样写的，"外面的世界很精彩，外面的世界很无奈"。我想让他明白这些，可又该从哪里给他讲起呢？

父亲这一辈子，几乎没离开过他的村庄，最远一次去过省城，那是母亲病了，他陪母亲去做检查。外面世界的样子，对他来讲，都是从电视上看来的。好多电影电视宣传一种观点，就是好人有好报，所以父亲对我讲的，永远是人要良善，似乎学不学知识技能都不重要，重要的是人只要善良，就能在这个社会上出人头地，可善良有许多种，他并没有讲该怎样才叫善良，在我单纯的心思里，只要是好心就对，可怎么才算是好心呢？这是一个抽象的概念，我时常为自己的这份天真而买单。

父亲还有一个口头禅，那就是柔能克刚。可具体怎么克，他也说不清楚，他说是他的爷爷讲的，他记下来了，挂在了嘴边。我知道，那是《道德经》里的话，但真正理解，也是很多年以后的事。

我从乡下的小村庄，走进省城的大学，是舅舅领我去报到的。舅舅对我反复叮嘱的，就是和同学搞好关系，至于怎么搞好关系，他没有讲，我想他也没有什么具体的建议。外面世界呈现给我的，需要我在不断地试错中，最终形成自己做人做事的原则。

儿子一直都在我们身边，所有生活中需要考虑的事，我们几乎都为他做了具体的安排，现在他要离开家了，我们的担心与不舍是多么强烈，可孩子总是要出去的，只有外面的世界才能让他真正长大。

反复叮嘱他，安全是第一位的。过马路要当心，不要和别人打架，晚上一个人不要单独外出，要和同学一起，如果遇到危险，钱财都可以不要。

第3章　如果吼叫能解决问题，那驴一定是世界上最厉害的物种

讲到这里，我想起他初三和同学打架的事，因为弄坏了同学的眼镜，人家让他赔，他说是因为打架弄坏的，这个同学可以把他打一顿，但赔钱他没有，也没法向父母要，结果被同学打得鼻青脸肿。我知道后，一再跟他说，钱财是身外物，宁可钱吃亏，也千万不能让身体吃亏。我又把此事拽出来，讲了一遍，啰唆而烦人地叮咛。

给儿子讲锻炼身体的重要性，要他进学校以后，少睡懒觉，早起去操场跑步，如果早上未跑，那下午活动时间，要记得多参加一下体育活动。讲吃饭的重要性，让他不要太节俭，想吃什么吃什么，但也别浪费，又说吃饭花不了多少钱，零花钱控制好就行。最后才是讲学习，要他不要逃课，不要挂科，除了操场，要多去图书馆，少待宿舍。又想起云南大学马加爵事件，将与同学搞好关系的重要性反复强调，并教他对同学要大度宽容，不要为小事斤斤计较，要多看别人的优点，同学有困难，要提供力所能及的帮助，并懂得如何去尊重同学的自尊，等等。

想起自己的大学生活，又嘱咐儿子大一多参加社团，大二如果有喜欢的女生，要争取能好好谈谈恋爱，大三就该为考研做些准备了，大四除了考研外，要多参加一些企业面试，机会往往就在自己的争取之中。我说了一大堆，他究竟能听进去几句，不得而知。

报完名，我们在学校待了一天，第二天回去时，妻子眼泪吧嗒吧嗒地往下掉，我笑着和儿子招手，看见儿子脸上也挂满了泪水，原来他也一直是爱我们的。

关于生活常识的问题，可能不同的人有不同的理解，也会有不同内容的侧重，但我们似乎一直缺乏对孩子这方面的教育。我们的幼儿教育只开

启了学习知识的教育，让幼儿识字、数数、唱歌、跳舞等，记得看过关于国外幼儿园教育内容的报道，好像是讲过马路看红绿灯等的交通规则和知识，讲屋里电、水、火等的注意事项，讲如何使用牙膏牙刷，如何注意个人卫生，讲如何穿衣，如何算是有礼貌等，还会讲社会的一些基本规则。我没去过国外，也不知道这个说得对不对，但在我来看，幼儿教育似乎讲这些东西比讲知识更有用。

我们的小学教育就是分数与名次，初中也是如此，再加上中考，学生都一门心思沉浸在考试中，高中考大学更是激烈，哪有时间给学生讲一些生活常识与经验规则。直到孩子要出远门独立生活，家长才开始一番啰唆，这种临时抱佛脚的道理，孩子能记住几条，又能在记住的基础上自觉去执行几条？好多常识性的东西，可能需要潜移默化地不断渗透与要求，才能最终形成孩子自觉自愿的行为，并遵守下去。违反常识的代价，往往是巨大的，而我们恰恰缺少了这一环，希望能在以后的教育改革中，逐渐融入常识教育，也希望父母在以后的家庭教育中，能时时记得给孩子讲解一些生活常识。

第 4 章

孩子的成长，
是一个不断放手的过程

第 4 章　孩子的成长，是一个不断放手的过程

告诉孩子，在规则范围内寻找最大的突破

　　这些年，最大的体会就是按规则办事，这么一个简单浅显的认知，自己却走了几十年，该对自己说什么好呢？

　　小时候，农村也没有什么写在纸上的明确的规则，最大的困惑是礼节，不知道见了一个人，该称呼他什么，明明年龄大的，有的人叫爷，有的人却叫叔、伯，有的人还只是叫哥，甚至还有管自己叫叔的，这都什么乱七八糟的叫法，长大了才知道这叫辈分，不能乱了辈分胡乱称呼，可是现在自己回村，面对有些人还是搞不清楚该叫他们什么。父亲有给我说过叫什么的，也有没说过的，在他看来，这可能就是很自然的事，可我哪里有精力把这些记得清楚，总是叫错了以后尴尬，或就一直错叫着，直到有一天被人纠正，然后又忘了还是叫错。

　　农活是有季节性的，什么时候该撒种、除草、浇水、施肥、喷药、收割，就得什么时候做，常说不能误了农时，就是这个意思。父母在田间劳作，日复一日，只要天晴，就要到田间去，我不明白地里为什么总有那么

多活要去做，忙碌是永远的，似乎没有停歇的一天。如果要问父亲什么是规则，他可能不知道这是什么意思，他能回答的，就是天亮起床干活，天黑倒头睡觉。

我上学的时候，无论小学、初中、高中、大学，学校都有规章制度，但我从来没有感觉到它们的存在，即使我有违反的，老师也总是轻描淡写地说几句就会过去。制度，在我的心里就是一个可有可无的"摆设"。走上社会，进入体制内的单位工作，规则不少，但执行都是人情，所以有和没有关系也不甚大。辞职后自己创业，也定了规则，但自己却极少遵守，员工当然也多有违反，也只是象征性地说一下就会过去，造成的结果是，做的事都以失败告终，回头去想，还是缺乏对规则的执行。俗话说，没有规矩，不成方圆，大概就是这个理儿。

在社会上办事，大多讲人情。办事我总是先找关系，完全忽略了规则与程序，但事情总是办得艰难，不仅欠人情，还多花冤枉钱，后来我慢慢就明白了，其实还是遵守规则好，固然要费些时间与精力，有时也会生些闲气，但只要合理合规，总能办下来，不合理合规的事，就是找人，也不好办，还给人添乱，也不见得人家就一定会通融。我的结论是按规则办事最好，不合规则的，就没必要劳神费力了。

走在城市的街道上，车有车道，人有人道；过路口有绿灯行、红灯停；要去哪儿，可以坐公交，公交有站牌，站在那里等就行，也可以坐出租车或自己开车，但都得遵守交通规则，犯了规，有处罚的条例。试想，如果大家都不遵守交通规则，不知路上会堵成什么样，城市的文明就是在规则与秩序里体现出来的。

第4章 孩子的成长，是一个不断放手的过程

我把这样的体会，讲给上大学的儿子，他不一定明白，可我还是得讲。我想让他尽早明白，什么事情可以做，应该怎样去做，什么事情不能做，千万不能想当然地找漏洞去做，凡事有可为，有不可为，规则是做事的边界，越界的事情就不要想了。

基于对规则的遵守，是我的一层含义；我的另一层含义是想让儿子能在上学期间逐渐形成自己做事做人的准则。这样无论他在什么人面前，都不会犯底线错误，做什么事也不会太逾越，心中永远有一套完整的规则秩序在指引他，不必要的弯路就会少走，重大的错误就不会去犯，清晰而明白地走在自己该走的路上。

人这一生，其实挺短暂的，要想把事情做得好些，做得有效率些，让自己尽快成长，大概也没有什么捷径可走，最好老老实实在规则允许的范围内，寻求最大化的突破。毕竟自然界有自然界的科学规律，按规律去做，就会受益于规律，不按规律去做，就会受到规律的惩罚，社会有社会的规则，按规则办事，则会走得更久更远。

如果我能在年轻的时候就认识到这一点，我想，我的人生肯定会是另一番模样。可人生不能假设，我能做的就是把自己的认知说给我的儿子，希望他能明白得比我早些。弯路上的代价，已经有人付出了，后面的人没必要再去买单。

人生方向的确定,是孩子大学阶段的重要使命

我的记忆方式属于方位记忆,那些记住的内容,总能让我清晰地回忆起它在书页的什么位置,是左上还是右下,大概上多少行,右多少字,仿佛书页就是一个坐标系,我能快速地报出坐标系上的数据。所以我到任何一个陌生的地方去,方向感都极强,从来不会迷路。然而在人生的大方向上,我却一直摇摆,找不到自己应该去努力的方向。困惑、迷茫常常萦绕着我,以至于我不得不给自己贴上一个碌碌无为的标签。

父亲对他人生的方向,不知道产生过另外的假设没有?反正他就生在这个小村里,长在这片土地上,老在这一方空间里。他所在意的,可能就是一年的风调雨顺,庄稼能多收几斗,养的鸡能多下几个鸡蛋,养的猪年底能卖个好价钱,一家人没病没灾,顺利把儿女养大。他人生的方向,似乎是早已注定的,别的可能他或许根本就没有想过,至于价值、意义、方向,这些抽象的东西,如果非要放在他的身上,做衡量与评价,那实在是有些无聊,绝大多数的人,还不是和自己的父亲一样地生活着。所谓的碌

第4章 孩子的成长，是一个不断放手的过程

碌无为，难道不能看成人给自己披戴的一个精神枷锁，让自己试图以不断地努力来挣脱？

我念书的动力，来源于对农村重体力活的逃离，因为在那时，考学是唯一可以离开土地的方式，所以我的方向是明确而清晰的。到了大学以后，离开土地的想法基本已经实现，农村户口也转成了商品粮户口，家里的几亩地也没有了自己的份儿，自己突然成了一个不知要往哪里努力的人。毕业后上班，在企业待了几年，下岗出来从事职教行业，所有的想法就剩下赚钱，其间换了几个单位。有一次碰到一个朋友，他对我说，从甲公司到乙公司，再到丙公司，一个月多几百元，对一个人来说，没有本质的改变，真正要实现跨越，你必须找见你要努力的方向，让自己变得有价值，那挣钱就是必然的事。

按照这个朋友的建议，我重新梳理了自己的思路，又换了一个单位，积累了一些经验后，开始自己创业，但做得没有多少起色，赚了一点钱后，便换了项目，以为可以赚大钱，却是赔钱，又换项目，又赔钱，起起落落地在市场中打拼。有时不免对自己的行为进行反思，得到的结论是人生没有真正的方向，总是这山看着那山高，实则在一个低层次上反复徘徊而已。

儿子假期回来，我和他的沟通不多，常会为他打游戏而闹得不愉快，但人生方向的确定，我想应该是他大学阶段的重要使命，否则又会和我一样到处飘荡，而错失根基与发展。但他的年龄与理解水平，似乎对我讲的这些一点都没兴趣，甚至觉得我这是陈词滥调，早该丢到垃圾堆里去。

人生如果不能学会聚焦，专注在某一领域勤奋钻研，在时间里累积，大致是不会有什么作为的，这也是我要求儿子在上学期间就找见他努力方

向的原因。可他不听,这难道是我总想把一个成人的思想强加在孩子身上的表现吗?是我不切实际的想法吗?

儿子对我的应付是决定考研,我问他是否想做研究型的工作,他说不是,而是为了提高学历,好找工作,在单位以后也好混些。我说你如果抱着这样的态度考研,其实考不考,意义不大。他又说,班上同学都准备考,他若不考,做什么去?还是考吧,和大家一样。这让我很无语。

或许是我给他讲人生方向这样的话题过于空洞了。很多时候,人其实是在工作中慢慢找到人生方向的,提前的规划可能没有变化快,但真正有成就的人,都是很早就知道自己要做什么。这可能就是普通人与优秀人之间的差异吧。

好导师,会对孩子起到点石成金的作用

父亲对我的教诲,是与人为善。这没有错,但要想出人头地,这教诲几乎没有用。现在我明白了,出人头地又能怎样,还不是照样过一生,倒是善良,可以问心无愧地面对所有人。

母亲常讲的,是你好我好,大家都好,没必要和人置什么气。但我和

人置气的事情常常有，过后又颇觉这种置气真没必要，母亲的话，就又回到了耳边，在心里盘旋一阵。

奶奶的口头禅是，活泼泼，转泼泼，吃了喝了挣两个。我很少有这么好的心态，也总是吃了喝了却没挣到。但我对生活从不悲观，因为和小时候家里的贫穷相比，我已很知足。

上学的时候，老师大多只是催着学习，基本没有讲过人生的教诲。大学期间，倒有一个老师，他是做基础研究的，我陪他在假期做过实验，瘦小简朴的一个人。他对我讲："基础研究很难出成果，除非天才，但我们也不能放弃，既然选择了这条路，就要走下去。"直到他退休，也没见他出过什么成绩，用他的话讲，我们这些人就是用来铺路的小石子，有一天，总有人会顺着这条路发现什么。我没有这样的胸襟，所以跟他做了两个假期实验，就再也没去了，毕业之后，我去看过他一次，他老伴已经去世了，儿子又在国外，挺孤单寂寞的一个人。

人生路上，遇见的人很多，虽然孔子说"三人行，必有我师焉"，但真正能影响自己并使自己做出很大改变的人，却是凤毛麟角。很庆幸，我遇到过三个这样的人。

一个是我曾经的老板胡列，他极其自信，认为只有他想不到，没有他做不到。跟着他的那三年，我从一个胆小怕事的人，变得胆子也大起来，做起事情也不再惧怕，相信事在人为，并作出了辞职创业的决定。在这以前，我只想做一个打工者，干好自己分内的事，但他的成功和做事理念，点燃了我内心的渴望，使我也梦想着会有成功的一天。虽然我并没有成功，但我已经知道了成功是怎么一回事。

何以为父：一位教师爸爸 18 年的教子反思与感悟

　　还有两个人，一个是齐务本，另一个是梁全祥。他俩是同学，都是老一辈的大学生，知识渊博、待人恳切。他们那种对知识钻研的精神，鼓舞了我，使我把早已忘却了的学习又捡了起来，虽然最终也没学成什么，但这种学习的精神与能力，却使我一直可以坦然地面对社会上人情冷暖的变化。

　　我也想成为真正可以改变我孩子的人生导师，但遗憾的是，我对儿子的影响多是负面的，以致他滑向了一个我很不情愿看到的得过且过的状态。

　　都说父母是孩子的第一任老师，也是终身老师，作为第一任老师，我和妻子都不合格，我们缺乏对孩子的耐心，总是拿成人的思想来要求孩子，导致孩子叛逆。作为终身老师，我想在后面的时间里，能和他一起改变、一起进步。

　　儿子的老师，特别是初中那个班主任，对儿子产生了非常不好的影响，所以儿子对老师有着特别的敏感，我很难再在他面前去提多接触老师的建议，虽然他以后的老师都还不错。他上大学的时候，我的一个建议是，能否找到一个自己感觉各方面不错的老师，试着去拜访一下，如果能谈得来，可以多去几次，多听听老师的建议，就是以后毕业了，也可以保持经常的联系，给自己的人生以有益的指导。儿子没有这样去做，他错过了在大学里可以为自己找到导师的机会。

　　我之所以想谈这个话题，是因为真正的好导师确实能让人少走很多弯路，甚至对个人的成长都会起到点石成金的作用。

　　儿子现在上班了，有师傅带他。过去国企有师傅带徒弟的传统，不仅要给徒弟传授干活的技能，还要培养徒弟对企业的认知，教会徒弟在企业的为人处世，一定程度上，师傅和父母有同等的地位，有时还可能超越父母关系。我问过好多次他师傅对他的要求，他都说师傅没说什么，我告诉他说与不说，都一样要尊重师傅，师傅是他在这个厂的领路人。或许是现在的师徒关系比以前淡了，少了那种亲密，这也不是谁的错，是社会发展的必然。

我希望孩子能在他所遇见的人里，找见他的人生导师。作为父母，我们让他缺失得太多太多，希望他能有这个幸运，把从我们这里缺失的，在另一处弥补回来，哪怕不弥补，只要他能走出他现在的状态，有一个积极的人生，那我们就谢天谢地了。

孩子如何处理人际关系，父母一定要耐心教

儿子没有考上研究生，除了当天刚知道成绩时很失落，过后好像根本不在意，大概他早知道会是这个结果。可我还抱有一丝希望，希望他能考上，并不是我看重研究生这个学历，而是我想让儿子能和技术打交道，少和人打交道。和人打交道，太累了。

现在好一些的国企特别是研发部门招人都对学校和学历有严格的要求，

何以为父：一位教师爸爸 18 年的教子反思与感悟

儿子的学校一般且只是本科，尽管学的工科，也以这个专业参与了应聘，但分给他的职位是管理岗，他纠结了好久，才去报到。

一个人在这个社会上，要面对三种关系：第一种是与别人之间的关系，第二种是与自然之间的关系，第三种是与自己的关系。中国的传统文化，简单概括，儒家讲的是人与人之间的关系，道家讲的是人与自然的关系，禅宗讲的是人与自己的关系。这三种关系中，人与自然，相对来说比较简单，尊重自然规律就行，人与人就比较难，人与自己更难。人在这个社会中，无时无刻不在面对别人与自己，这是一个如同照相机一样需要不断调焦的过程，时而为了清晰，时而只能模糊，时而想突出强化，时而想隐匿弱化，再加上个人情绪与性格使然，往往会感觉很累，感觉力不从心。

父亲几乎一辈子没离开过他的村子，他的关系都在这一方土地上。他应该是一个喜欢结交朋友的人，在我们村里就有几个和他称为"伙牙"（一种像亲兄弟一样关系的人）的，加之堂兄弟又多，他在村里确实自我感觉良好。他是那种把别人的事看得比自家事还重的人，所以村里人对他的印象也很不错，可他把自己最不好的一面都展示给了家人，让他的家人又何等地难以接受。

现在网上常常有类似的观点讨论，为什么人大多把最不好的一面给自己最亲的人。对这个问题，我大多回避，不愿去深想，它会让我想起小时候好多痛楚的场面，选择性忘记是对自己最大的疗伤。

父亲对土地的情感是复杂的，一方面他的身体受不了这样繁重的劳动，从内心里是愤怒而惧怕的；另一方面这片土地养活了他和他的家人，他是怀着期望与感激的。这可以看作父亲与自然的简单关系。

第 4 章　孩子的成长，是一个不断放手的过程

父亲有没有和他的内心进行过交流我不知道，以我的观察，他应该没有过这方面的自我审视，但一个人，怎么可能不去思考他的种种言行呢？所以我的观察或许是错的，也许父亲有过对自己的审视，只是他可能无法改变他自己，每个人大抵都是如此吧。

人这一辈子，改变自己太难了，就连圣贤王阳明都说，"破山中贼易，破心中贼难"。所以一个人在成长过程中，早期的塑造就显得至关重要了。不过，虽然"破心中贼难"，但总是可以破的，人得相信自己的努力才行。

我大概遗传了父亲喜欢交朋友的性格，所以从上学起，就总有一大堆朋友，而且为了交友，总是把自己好多真实的想法压抑起来，去讨得别人的认同。在这种不断讨得别人的认同中，渐渐丢失了自己，性格也变成了一味地忍让与迁就。

回看自己这一路走来所结交的朋友，真正能算得上好朋友的，不过三五人而已。这不是谁的错，有好多客观和主观上的因素，使好多人离开，只能道一声，珍重。

记得读过一本书《艾柯卡自传》，艾柯卡曾是美国福特汽车公司的总裁，他的父亲就曾对他说过，人的一生，能真正有一两个朋友就应该知足了。这话看来，很有道理。

我现在对人际关系的看法就是顺其自然，不勉强别人，也不为难自己，遵循不亏欠别人的原则，至于去留则随意。一个人之所以喜欢交友，或许只是内心不强大，有抱团取暖的潜意识，又或许只是性格而已，没必要分析得那么清楚。

对儿子，我要求他处理好和同事、领导以及所有人的关系，真诚、坦

诚是必需的，第一原则把工作干好，对别人要尊重，无论是领导还是一般职员，一视同仁，少说话、多做事，不议论人长短，只说自己工作得失，少抱怨，多从自身找问题，错了就一定要大大方方承认自己的不足，以便下次改进。

这些教条式的忠告，也不知道儿子能听进去多少。在人际关系的交往上，难免要栽一些跟头才能长些记性，只要别栽大的跟头就行，至少自己还可以很快再爬起来，掸掸身上的灰尘，自嘲一下，继续向前！

大学毕业，不是学习的结束，而是新的学习的开始

如果仅用"知识改变命运"来说明学习的重要性，我认为还有些欠缺，再加上"学习可以真正增加我们生命的广度与厚度"，我觉得才可以恰切地表明学习的价值。

我当年能够从农村走进城市，就是通过学习，只是很遗憾，我把自己的学习停留在了大学那个阶段，毕业以后就是各种忙，再没学习过，知识渐次遗忘，思维水准悄然滑落，自己也没有觉察到，一点一点就变成了现在这个无所事事的样子。以前的同学，继续学习的，有的成了他们专业领

域里的翘楚，有的获得了各种社会荣誉，体面而光鲜；而放弃学习的，混得好的，当个领导或老板，大多数则为生计到处奔波。学习对命运的改变，确实是最明显不过的事。

儿子大学毕业了，没考上研究生，难以继续深造。我告诉他，大学毕业不是学习的结束，而是新的学习的开始，不要把自己的水平停留在此，因为社会在发展，各种新的知识和方法都层出不穷，必须保持对学习的热情，才不至于退步。

父亲学的手艺很多，但没有一样特别精通的，也就是说，父亲在他的学习中，没有朝着一门具体手艺做持续努力的投入，什么手艺需要的人多他就选择学什么。好的手艺，一定要持续地学习，需要花费更多的精力与心思，还不见得马上就有明显的收益，所以容易选择放弃，转而另学一门，看似简单上手快，实则想继续提高的话，还会遇到同上一门手艺一样的没有本质改变的困惑。到头来，还是什么都没学好，徒然浪费了时间。

父亲的教训是深刻的，可我并没有吸取，很早就放弃了自己的专业，从事了管理岗位，低层次的管理，是对自己的耽误，而高层次的管理，自己没有好的机遇和平台，也没有专业的管理能力与素养，所以在管理这条路上，说透了也是因为自己没有学习，只是一直停留在初级水平上，自然就会被社会淘汰。

分析一下人放弃学习的原因，可能有这些：第一，由于忙碌，人没有时间去学习，这绝对是个安慰自己的理由，时间是什么，是海绵里的水，只要挤，总是有的。第二，学习的收益不在当下，而在未来的某个时间段，大多数人只看重眼前，缺少长远规划。第三，学习是艰苦的，那种对前人知识、技能和智慧的理解，需要一个不断咀嚼、消化、吸收的过程，这个过程孤寂而艰辛，耐不住寂寞，就不会有成果。第四，学习需要自律，需要放弃好多外在的享乐，需要对自己严格要求，并按要求一步一个脚印地向前走，有时甚至都很难走得动，没有坚强的意志与恒心，是坚持不下去的。第五，到底要学什么，才是最适合自己发展的，光讲学习有多么好没用，得讲到底该怎样结合自己的实际情况，确定自己学习的方向与内容。第六，好的学习还需要一个好的导师，以便能让自己尽快地走在正确的学习道路上。在现实生活中，如果导师不好找，可以选择好的书籍、好的视频或音频内容等。学习的路上没有捷径，但这是唯一提升自己最快的方式。

那么接下来，我要做的，肯定是和儿子一起分析他的情况，为他选定一个要学的内容，然后看着他开始去学。

弱弱地说一句，如果你去学了，一定不会吃亏，哪怕没有改变你的现状，但你学到的知识和对这个社会的理解，一定会让你如同活了几辈子一样富有阅历与感悟。想想，可能还真是！

第 4 章 孩子的成长，是一个不断放手的过程

让儿子培养兴趣爱好，主要是让他的生活多一些乐趣

"兴趣是最好的老师"，忘了这话是谁说的，放在这里，做个开头。这句话是否可以这样理解，我之所以没有碰见好的老师，是因为我没有兴趣，或者这样说，自己就是最好的老师，只是前提是得有兴趣。这话绕来绕去的，不好玩，还是说说兴趣吧。

在我看来，有兴趣爱好的人，就是生活有趣的人，那种把生活过得刻板而拘谨的人，实在令人感到无趣。

一个人有没有兴趣爱好，可以作为生活有无趣味的一个标识，但这不是衡量生活质量高低的标准，任何人都没有权利去轻视无兴趣爱好的人，也没有权利对无兴趣爱好的人妄下结论，实质上，看看身边的大多数人，基本也没有兴趣爱好，这实在是一个让人不开心的发现。如果有可能，培养一个兴趣爱好，倒是一件值得的事。

我从父亲的生活轨迹里，看不到他的兴趣爱好，他把绝大多数时间消解在电视剧里，为主人公的不幸或幸运而纠结或释怀。我回家想和他说说

何以为父：一位教师爸爸18年的教子反思与感悟

话，都被这电视剧的播放而打扰。有时，看到父亲看电视时专注的神情，我会生出莫名的愧疚与悲凉，或许他太孤独了，只能用这样的方式打发时间。

问问我自己，有没有兴趣爱好，不好回答，表面上是爱好文学创作，总想写一篇流芳百世的作品，但这种建立在急切的功利心基础上的写作，还能不能叫兴趣爱好，颇值得怀疑。在我看来，不抱有任何目的的喜欢，才是真的兴趣爱好，才能享受到这兴趣爱好带来的乐趣；否则，大概也是一件不美气的做作。

虽然我并没有写出过一篇好的文章，也没有在任何地方发表过作品，但我依然在对文字的排列组合中得到过慰藉，得到过片刻的欢喜，所以有时我还真把这个当作自己的一个兴趣爱好来鼓励自己。

在我看来，儿子没有正当的兴趣爱好，他的闲暇时间都在打游戏与刷手机中度过，如同他爷爷看电视一样，都是在打发时间。我常常会想，儿子在长时间地打游戏之后，会不会突然有一种滑过心头的空虚无聊，他审视过自己的内心世界吗？他问过自己，这一生到底该怎么度过吗？

我曾把保尔·柯察金说的话，"当他回首往事的时候，他不会因为虚度年华而悔恨，也不会因为碌碌无为而羞愧"摘录给他，他或许随手就丢掉了吧。

在儿子已走上工作岗位的今天，我重提培养兴趣爱好，一点也不觉得没用，也不嫌时间过晚，或许在大多数人的心里，兴趣爱好是小时候才应该培养的事，但我还是认为，任何时候开始都不算晚。

我得明确一下，让儿子培养兴趣爱好，不是为了让他去学什么，也没有让他非把什么学好,学得比别人强,学得可以让他出名或有成就。我的着眼点在于能让他的生活有一些趣味,能让他在欢喜的爱好中,使身心得以愉悦。

我在讲人际关系的一节中,说过关系可分为三种,即人与自然、人与人、人与自己,而我更看重人与自己的交流,因为这个世界,其实都是自己眼中的物象,你看它是怎样,它就是怎样,你笑生活就笑,你哭生活就哭。自己是一切问题的出发点也是终结点,所以学会和自己交流,就等于学会了看待这个世界。大圣贤王阳明说过,"心外无物"。一个人的内心,就是他的整个世界。

我把一个人的兴趣爱好看作他与自己内心交流的外在表现,只有这种交流多了,一个人才会真正地理解和正确看待他身边的一切外在,并能时刻保持对这个世界的达观。这也是我强调兴趣爱好更为本质的缘由。

在那厌见的表情之后,同样是世事美好的娇容

生活中难免遇到各种各样的困难,有时,感觉困难大如山,让人感到绝望,但回过头去看,却是一路的风轻云淡。

何以为父：一位教师爸爸 18 年的教子反思与感悟

人，好像总是对小时候所经历的苦难记忆犹新，及至青年、中年、老年，大致不甚了了。或许是小时候过于敏感的缘故，大了就变得不再那么惊慌，而多了一些淡然或迟钝。

回顾一下我的经历，下岗、就业、辞职、创业、失败、再创业、再失败。有过焦虑、恐慌、开心、憧憬、意气飞扬、一败涂地，挣过钱，更多的是欠人钱。有个朋友说过，最好的生活是门前无债主，心头无闲事。我有过被债主逼的经历，到现在心头还是一堆烦人的事。但这些，似乎就那么一回事罢了，都没有小时候家里遭遇的困难更让我记忆深刻。

记得小时候，有一次奶奶领我去姑姑家，我在屋子的地上玩耍，奶奶和姑姑并排坐在炕上说话，突然姑姑埋怨起了奶奶，说把她一个碎（小）姑娘，卖给了一个老光棍儿（姑父），奶奶和爷爷怎么就那么忍心，边说边放声大哭起来，眼泪在脸上流淌，奶奶也跟着哭，说"都怪那抽大烟的短命鬼你爹……"我到现在都能清楚地记得当时的情景，前几天参加姑姑孙女的婚礼，我又想起了早已去世的姑姑与奶奶。

我上小学的时候，父亲生病，母亲和大姨用架子车拉着父亲，换了几个医院都没看好。奶奶的神色里充满了无尽的悲伤和哀愁，还好，在镇上的一个医院住了近一个月，才慢慢有了起色。现在的小地方，很难再有好的医生，稍有名气的，早就被高级医院挖走了。

我上初一的时候，母亲病了，腿疼，无力。开始以为是风湿，但越来越严重，在县医院检查了几次，说是骨瘤，又去邻县医院检查，结果一样，去市里医院看，同一个结果，要做截肢手术，母亲哭着不愿意，再去省城医院检查，还是一样，必须截肢。母亲仍不愿意，说宁肯死，也不做手术。

第 4 章 孩子的成长，是一个不断放手的过程

回家后就拄着棍子生活。父亲的脸色，奶奶的脸色，母亲难过的神色，交织着，不忍想。舅爷把母亲接了回去，说既然都看不好，那他就陪陪母亲。舅爷是方圆几十里有名的中医，本身有一个小诊所为人看病，他不知从哪本书上找了个方子，每天给母亲诊脉，调剂药的用量。其间我去过几次舅爷家，母亲在那里比在自己家被照顾得好。母亲看见我总是落泪。我太佩服舅爷的用心与执着，不知是他对女儿的爱感动了上天，还是他的医术真的那么高明，在经历了大半年的用药后，母亲的腿不怎么疼了，走路也没大碍了，后来就完全没有了不好的感觉，一年后去医院检查，骨头那里的瘤子居然消失了，母亲恢复了健康。我到现在还常常念叨舅爷的药方，应该把用药过程记录下来，帮助更多的患者远离截肢的悲痛。

后来家里还有一些事，父亲因赌博输钱后喝农药自杀，幸亏送医及时，被救了回来；奶奶去世时，家里无钱安葬，在家族和亲戚处筹钱；等等，都没有上面那三件事对我的触动大。

在我长大以后的生活中，除了因教育儿子，一家人经常吵闹外，就没有什么事再让我有特别困难的感觉。我把生活中遇到的那些大大小小的困难，都看成了生活中的必然，虽然有些困难曾让我夜不能寐，让我殚精竭虑，让我感觉无助和失落，但最后总能有办法柳暗花明，而且在解决这些困难之后，我明白了更多人生道理，明辨了身边朋友的真假，更坚定了对生活的自信。困难不是阻挡我们前进的绊脚石，更像是生活对我们的提醒和忠告，也是让我们成长的动力之源。所以在一定程度上，还得感谢生活中的困难，是它让我们知道了人之为人的高贵。

我讲这个话题，是想让儿子能正确面对他生活中出现的困难，并能以

积极的心态去看待这些困难，那些让人成长的，大多是露着让人厌见的表情出现在我们生活之中，不逃避，迎向它，你会发现，原来在那厌见的表情之后，同样是世事美好的娇容。

学会对琐事做减法

人一生的大部分时间为琐事所占据，要么在琐事中淬炼出人生的小智慧，要么在琐事中耗尽青春，神色迟暮。

相比人生中那些大的事件，琐事总是发生得那么悄然，不为人所注意，看似日复一日没有什么变化，实则蓦然回首，却是白发绕头。想起昔日的激情，曾经的梦想，慷慨激昂的誓言，都是这么不经意就被琐事消解，或被一笔勾销掉，不免生出人生的慨叹。

放下琐事，是珍惜生命很重要的一环。我们可以对琐事进行归类，那些可有可无的如吃喝玩乐，可以直接去掉，尽量给自己多腾出一些时间。想想我年轻的时候，经常陪人打牌、吃喝，到头来，花了钱财，浪费了时间，自认为有一帮朋友，实则真正需要帮助时，帮你的朋友却不是这些一起吃喝的人。那些必须有的琐事，可以考虑将其排序，尽量压缩时间，提

第4章 孩子的成长，是一个不断放手的过程

高效率，如必须要见的人，推不掉的应酬，一些不重要且比较耗时但必须要做的事，甚至可能要时时对一些看似有用实则意义不大的事进行筛选，果断地做些取舍。

学会对琐事做减法，是比较有效的手段。有些琐事可以直接去掉，有些可减掉部分环节，或者有些环节找人去做，都是提高自己应对琐事的能力的方式。

生活中的琐事，常常会干扰人对一些有决定作用的大事的思考与判断，快刀斩乱麻，不拖延，也是比较好的手段，但一定要作理性分析。有时，有些事看上去琐碎而作用不大，但做好后，可能对后面的许多事有直接的影响，那就不能含糊；有些事，看上去很大，其实没什么用，可以忽略。所以对事的正确分析很重要，不要为事情的表面所迷惑。

应对琐事对人的悄然改变，还必须用个人的规划和自律来做保障。为自己树立一个明确的努力方向，然后依据这个方向确定一个具体的目标，并把目标进行拆解分段，每天安排一定的时间，为达成小段目标而努力，哪怕有一天实在太忙太累，也得从形式上按部就班地执行，慢慢就会形成习惯，就会从形式上的执行变成真正内容上的实施，把琐事的影响降到最低程度。

儿子在我的劝说下，决定利用下班以后的时间学些东西，他买了一大摞资料堆在书桌上，但我发现，他下班回来，还是要么在电脑上打游戏，要么玩手游或刷剧。我跟他说，一天两天，看似对他没有影响，但一月两月，一年两年变化就大了，道理他都清楚，但执行难。

我现在要求他每天至少看一会儿资料，哪怕心不在焉地看，也得给自

己固定一个看书的时间段。我想用这种一点一滴的方式，让他能慢慢地改变。不知道效果会如何，但这是目前让他减少被手机和电脑上的琐事占据的唯一方法，只要向前迈出这一步，相信会好起来的！

抽时间给孩子讲讲家族的历史

村里的裁缝写了一本关于我们村历史的书，每家送了一本。通过这本书，我总算厘清了村子各家辈分的长幼次序，知道了村里的先辈来自哪里，了解了村庄是如何发展的。

父亲并不满意这本书，说裁缝写他自己家族的内容多，而我们家族是村里最大的一支，却写得少了。但我觉得没必要计较多少，有人花这么大的气力搜集整理编辑，又印成书，是多不容易的一件事。这让我对这个看似老实巴交的裁缝，重新审视了一下。在村里老一辈人都为生计而忙碌的庸常里，他居然做了这么一件与挣钱毫无关系的事，他的经济情况很一般，想来也费了不少的周折。村里出了好多大学生，也没见一个做过类似的事，倒是一个没有多少文化的裁缝为这个村做了记录。诧异的同时，我很想知道他的心里在想些什么。

第 4 章　孩子的成长，是一个不断放手的过程

关于裁缝还有一件意想不到的事，他的妻子去世后，他遵照妻子的遗嘱将遗体捐给了医学院。我小时候的新衣服都是这个裁缝做的，印象中他妻子经常坐在缝纫机前，密密地走着针线，看见人，总是一副笑容。我很难想象那个尸体泡在福尔马林里的样子，是否还带着那份对生活的恬静与美好。

我们村里的祖辈，是做烟花的，那燃放在夜色里绚烂而短暂的美丽，并不曾让这个村子变得富有，穷是最真实的状况。新中国成立前，村里出了个土匪头子，村里好多人都跟随他，新中国成立后被镇压了，所以村里多了好多异姓的人，都是死了丈夫的女人招的男人，在这个村子里繁衍着后代。20 世纪 80 年代初，听人说，给死了的那些所谓的土匪重新定了性，说他们是地下党领导下的游击队。历史的烟云，飘浮在阔远的天空，人只是一粒微不足道的尘埃，飘过去了，重提又有多大的意义。

好看或丑陋的皮囊下，都包裹着一颗跳动的心，在这个凉薄的世界里匆匆地走一趟，荣华富贵也好，卑微贫贱也罢，到最后，又有什么分别。但人过去了，总有人会给他记下些什么，所谓的雁过留声，人过留名，恐怕还是有些让人动容的道理，所以迟来的正名也是需要的。

我没有见过我的爷爷，听说是抽大烟把身体抽垮去世的。那时，我们家还算村里大户，没有出过读书人，都是做小本买卖的。爷爷有弟兄七个，两个当兵打仗去了，是国民党还是共产党，不知道，反正走了以后就再也没有消息，大概是在某个战场上牺牲了。还有一个当了土匪被镇压了，剩下的四个就在这个村子里，做着本分老实的人。奶奶是穷人家的孩子，小小年纪就以童养媳的身份进了这个家门，爷爷抽大烟败了家，到父亲的时

候，家里已一贫如洗。母亲是大户人家的女儿，家里成分高，她看中了父亲家的低成分，嫁了过来，结果过了一辈子贫苦的日子。我上了大学，算是对母亲的一个安慰，但我并没有做出过什么成绩，这是很遗憾的事。本以为儿子可以读书读得好些，能在我的基础上向上走走，那便是这个家族的小进步了，可惜的是，儿子并不怎么喜欢读书，也就只能这个样。

郁达夫在《怀鲁迅》中，有一句话是这么说的，"没有伟大人物出现的民族，是世界上最可怜的生物之群，有了伟大的人物，而不知拥护、爱戴、崇仰的国家，是没有希望的奴隶之邦"。我想把这话套在一个家族中，不知道有没有意义。

我给儿子讲家族的历史，是想让他记住他的根在哪里，记得这个家族那卑微如蝼蚁的祖辈，期望帮助他在某一天，心底里升起一种为整个家族而奋斗的信念，借此去开启他的新人生。

有一句话，忘记历史意味着背叛。其实无所谓背叛，而是循着历史的足迹，可以少走好多弯路；记得历史过程的艰难，可以让人升腾起某种庄严的使命感，去付出自己作为历史一员应有的努力。

或许我这样讲，是我的愚钝，社会的发展早已不是我旧观念里的那些荣辱，年轻人有年轻人的历史观，那么，面对历史，我该不该对儿子说这些呢？

第4章 孩子的成长，是一个不断放手的过程

黑发不知勤学早，白首方悔读书迟

儿子做事情总是拖延，我一催，他就说不急，他有计划，但往往事到临头才慌里慌张地应付了事，自然事情就做得不好。当我指出他的问题所在，他就显得很不耐烦，好像没做好是我影响了他一样。

有人会说这是拖延症，但我不这么看，查查关于拖延症的形成表现以及解决方法，会让人生出更多的担心与忧虑，事情往往可能不是被人这么定义的，我想把这个行为看得更简单一些。用懒惰解释吧，又显得过于笼统，想想我年轻时做事，总是想到就做，做错了推倒重来，现在做事，常有往后推一推的表现，分析一下自己的心理，一是嫌烦，能推掉不做就不做了，这可能是懒吧；二是怕做不好，总想把时间拖长些，让自己把各种情况都想好了再做。儿子的情况，我想是有点懒，还有就是怕吃苦，因为真正做事总是要费些精力的，而他只想在舒适区里闲晃。解决的办法，大概让事实教育他来得更有说服力些。另外我想跳开就事论事，再谈谈时间。

人到了一个年龄段，对时间就特别敏感，感觉一天比一天过得快，什

么事都还没有做，一年就过去了，所以总想能有个什么办法，让时间过得慢些，可这怎么可能，只能寄希望于做些事情，别让自己感到虚度就行。可这时，往往又力不从心，懊悔年轻时学的东西太少，在不断对自己的埋怨中，去抓住时间的尾巴，懊恼与狼狈交替进行。想把这种痛彻心骨的体会告诉年轻人，告诉自己的孩子，可孩子又怎么能明白一个上了年纪之人的焦虑？

在年轻人看来，时间似乎是无穷无尽的，总是一天又一天连续不断地到来，对时间的担心总觉得多余。以前看到过一段话，大意是说，时间并非一成不变，年轻时，时间犹如推车走上坡，吃力而慢，到了某个年龄节点，时间就犹如推车走下坡，想拽都拽不住地向下飞奔。这样的道理，能给孩子说清楚并让他理解吗？

我们该让孩子想想，他走过的时间已经逝去，无论怎样都不可能再次触到。这种方法，也许能让他有珍惜时间努力去做事的冲动。

客厅的墙上挂着一个石英钟，走得总是慢一些，甚至有时就不走了，停在某个时刻。有一年打扫卫生准备过新年时，我给它换上了电池，调整了时间，看指针在表盘上走，仿佛时间就一直是这样的，在这个石英钟表上。每次不经意地看见它，就会想起《围城》中那段关于祖传钟摆的文字，似乎听到钟声响起在方鸿渐与孙柔嘉的吵架前与吵架后。原来，人所有的事，总是在某个时间的节点发生，那个时间节点前，一切都还未发生，那个时间节点后，一切都发生了不可逆转的根本性变化。或许你走得慢一点，是一个人生，你走得快一点，就是另一个人生。所以你要想改变你的人生，就得从现在改变你对时间的态度，让自己快一些，或慢一些。

第4章 孩子的成长，是一个不断放手的过程

霍金在《时间简史》里，对时间作了科学与哲学上的思考。从时间的长河来看，每个人的存在只是短暂一瞬，以及人作为人的渺小与微不足道，只是人可以去思考人的短暂，思考人的渺小，这也是帕斯卡尔说的人的伟大。

我常常会不由自主地思考时间，想知道时间究竟是什么。别人对时间的解释，不能完全消除我对时间的困惑。有时，我会把时间想象成光，觉得永恒不变的光速就是时间的本质。有时，我会想时间可能真的不存在，它只是人心头的一个概念而已，没必要为它苦恼。有时，我会把时间看作人生路上的各个场景，如果向回走，那个场景就一定还在原来地方等着自己，只是自己不再是那场景的参与者，而只是作为旁观者，在那里看着另一个自己，这让我想起了博尔赫斯的《另一个我》。还有时，我会把时间看作头发的漂染剂，不经意间，黑发被染成了白发，妻子让我把白发再染回去，我问她，能染回去吗？那消失在时间里的青春。

黑发不知勤学早，白首方悔读书迟。把这句话放在这里，作为对时间的结语，希望对孩子能有所触动。

我做到了与妻子的和谐，但忘了与儿子的和谐

儿子也到了谈对象的年龄，过不了几年就该结婚了。男人在家庭中应有的担当责任，我就不谈了，我想对一个男人来讲，那是必需的。在这里，我想谈谈和谐，这对于一个家庭很重要。

我们这一代人，大多只有一个孩子，作为独生子女，因为成长过程中缺失兄弟姐妹在一起打骂吵闹又互相关心照顾的氛围，所以大多没有退让包容的心理，比较自我，比较自私，丝毫不会考虑别人的感受。建立家庭对他们来说，需要做的改变太多，这已经不是个别的问题，而成了整个社会的通病。

一个人幸福指数的高低，与家庭是否和谐有很大的因果关系，凡是家庭和谐的，幸福指数就高；反之，则低。但家庭和谐与否，是所有家庭成员共同努力的结果。作为夫妻双方，婚前都是在不同的家庭氛围中长大的，肯定有许多习惯不同，就是同一个意思，也可能表达的情绪不一样，所以难免磕磕碰碰、闹心伤神，对对方的理解与包容一定要有，特别是要从改

第 4 章 孩子的成长，是一个不断放手的过程

变自身做起。新家庭的成立，预示着一个人从孩子到大人的转变，这种转变更多的是责任与付出，与以前在父母身边衣来伸手、饭来张口，有什么事都由父母来操心的情况完全两样，不适应是肯定的，但得学会把这种不适应变成适应，并变成心甘情愿的自觉行为，逐渐在双方的互相理解中，找到家的乐趣与温馨。

我小时候，家庭的氛围一点都不好，固然与贫穷有关，与农活的艰辛让人吃不消有关，但根本上还是由男人高高在上、女人地位特别低的封建思想造成的。我们那个地方，好像就是这么一个风俗，虽然我们就在周公制礼的地方，我们那里的人也把自己的地方称为礼仪之乡，但这个礼，是古礼，是儒家"夫为妻纲"的礼，早该被历史车轮碾碎扬尘的礼一点都要不得。现在社会上兴起了传统文化，讲礼，讲《二十四孝》，念《三字经》《百家姓》，穿古礼服，我们要注意汲取精华，丢弃糟粕。不是传统文化不好，而是我们现在的人大多只学个皮毛和形式，不懂得传统文化的本质，以及如何与新时代融合。

村子里大多是这个样子，所以我也很难只怪罪在父亲的身上，父亲自有他各种各样的不是，但他也只是这种风俗的照搬者而已。

母亲跟着父亲没有过上一天好日子，现在两个人都老了，父亲一张嘴，还是对母亲的斥责或谩骂，年轻的时候，还动手打母亲，我是看在眼里、恨在心里，这种恨，一直跟随了我好多年。我这次写这个内容，很大程度上，也是为了消解我对父亲的恨意，进而原谅并理解父亲这一生的言行。作为儿子，这是我必须通过的一堂课。而我的言行，在儿子身上的负反馈，我想那也是儿子在他的生活中必须释怀的一堂课。作为父子，我们是冤家，

更是最亲的人。

从小这样的家庭氛围，让我在痛恨父亲的同时，也暗下决心，要么自己不成家，要么成家以后一定要好好生活，不和妻子争吵，绝不动手打人，哪怕妻子错了，自己也按错的来，等她高兴的时候，再给她指出错的地方，一家人无论贫贱，都好好生活。人在社会上，本身就已心力疲惫，回到家里，就应该享受温馨与放松。凡是家庭搞得不和谐的，人生大多不会幸福，所谓家和万事兴，是很有道理的。

我做到了与妻子的和谐，但忘却了与儿子的和谐，结果为了孩子的学习，吵了这么多年，导致两败俱伤，让儿子的性格变得敏感而情绪化，做事也放不开手脚，与人交往也比较自卑，跟人说话也不敢清楚地表达自己的观点。这是我们的错，我们种下的果，得我们自己尝。

一个家庭，所有的成员都应该做到平等对待，而不应有父权或母权的高高在上，谁也没有对谁发号施令的权力，每个个体都是独立的生命，大家有缘今生在一个家，就得彼此珍惜，好好来过。

关于和谐，除家庭的和谐之外，还应有个人内心的和谐，即自己与自己的和解，可以接受自己的缺点、直面自己的失败、自嘲不足，可以坦然地接受自己作为一个普通人应有的小忧愁与小欢喜。悲欢喜乐都只是一个短暂的过程而已，放过自己，即为生活。

第 4 章　孩子的成长，是一个不断放手的过程

孩子的成长，是一个不断放手的过程

十月怀胎，一朝分娩。伴随哭声，剪断脐带，一个新生命从物理意义上讲，就算与母体彻底分开。谁也不会因为怕婴儿哭，就把他或她一直留在母亲的子宫内，这不符合自然规律。

哭声是宣告新生命的开始，而剪断脐带却是古代婴儿死亡率最高的因素之一。为了解决这一问题，人类走了近千年，总结了好多经验方法，直到发现细菌，才知道这是细菌感染导致的。新生命的脆弱与顽强，从一离开母体，就和这个世界某些因素进行着殊死的较量。

婴儿断乳期，各地方不一，我们这儿一般在小孩一岁左右。断乳期是一个时段，是由母乳喂养转化成采用奶粉和其他辅食来补充成长所需能量、营养物质的过程。辅食的添加从流体食物逐渐转变为半固体，直到孩子正常吃饭。

关于吃饭，怎么拿筷子，怎么夹菜，怎么端碗，怎么把碗里的饭吃到嘴里，常是大人看着急了，自己端着给孩子喂，但无论怎样，总是要孩子

自己学会吃饭。吃饭其实是个艰难的事，人为了吃饭，大多忙碌一生，这当然是另外的意思了。

孩子学会了自己吃饭，也要学会走路，不可能让大人一直抱着，孩子先扶着各种物件走，大人用手护着，再一点点放开，看他一步一步地挪，跌倒，起来，看看大人，再继续走，又跌倒，又哭，又看大人，然后在跟跄中，慢慢不怎么跌跄了，自己学会了走路。再接着就是走路姿势的调整，父母严厉点，孩子的走路姿势就端正；父母不严厉，孩子的走路姿势就会或多或少缺那么一点点周正。那都是孩子自己的事，看他以后怎么去走了。

孩子说话也是大人教的，先从一些简单地叫爸爸、妈妈、爷爷、奶奶开始，然后逐渐展开叫姑姑、阿姨、叔叔，总是从先认人后认物开始的。这里面也蕴含一个人在社会上做事的简单顺序，一定要把人认清，然后再一起做事。不能稀里糊涂地被人用花言巧语迷惑，一定是可以信赖的关系才能一起去做事。

孩子以后话说得好与坏，那都是他后天努力与否的问题，长辈只能教他学会说话，学会说一些简单的话，能否把自己的想法清楚而明白地告诉对方，并取得对方的信任与支持，是孩子一生的课题。

孩子学穿衣，直到有一天具有自己的审美，按自己的标准把自己打扮起来，让自己开心、别人愉悦。孩子学过马路，被父母用手牵着，看着来来往往的车辆，慢慢走过去，父母会把小孩的手攥紧，怕他挣脱了跑出去，并经常告诉小孩，别着急，千万别着急。有一天孩子不用父母领了，自己已学会了走各种路，父母会远远地看着，还是那句老话，别着急，慢慢地。很多年以后，孩子也许会突然明白这句话含有多少牵挂，含有多少人生的哲理。真

第4章 孩子的成长，是一个不断放手的过程

的，人生不用那么急，急总会出错，顺其自然，慢慢地一切都会好起来。

第一次上学，父母把孩子送到校门口，看他走进校门，向他挥手，看他混在一群小伙伴里，从此，对孩子的教育就开始有了外人的介入，有了社会的参与，这也是孩子融入这个社会的必需。

当父母第一次以这样的方式向孩子挥手的时候，可能还不知道，这是一个渐行渐远、孩子独立走向社会的过程，这也是父母要从心理上真正学会放手的开始。

在以后的日子里，孩子会说起好多老师和同学，他们逐渐成了孩子生活中的全部，父母只是听着，也会给孩子好多建议。有的老师和同学带给孩子的是美好，有的带给孩子的是生气与烦恼，那都是孩子将经历的，父母无法代替孩子去感受，只能在孩子倾诉的时候，告诉孩子该怎么做。

想想父母对我的教育，除了父亲的坏脾气和母亲的眼泪，还有家里的贫穷，别的倒也没有什么。父亲很少参与我的成长，也没给我提过什么建议，我一直按自己的观察理解走着自己要走的路，我会嫌怨父亲从来没给过我正向的引导，但以父亲的实际情况，或许没引导才是正确的。

想想我们对儿子的教育，其实参与得太多了，好多时候，该孩子说的做的，我们都替代了他，让他少了成长的机会，甚至可能阻碍和限制了他成长的空间。我们一厢情愿地把自己对这个社会的认知，无论对错，一股脑儿地全灌输给他，就是这样一遍又一遍地讲给他，直到他生厌，直到他与我们对立。回头看看，我们作为父母，怎么那么着急，怎么那么愚蠢。

孩子的成长是一个不断放手的过程。而我们做父母的，想一直把孩子紧紧地握在手掌里不放开，那他怎么学会走、学会跑。父母把方向指得再

清,也得孩子自己去走呀!走的路上,是坎坷,是顺利,都是他人生要经历的。只有放手,他才能真正走出去,走得更高、更远!

作为父母,是到了该放手的时候了。其实,人生的每个阶段都要学会渐渐放手,认识太晚了,多么痛的领悟!

爱是传承,是一代接着一代

家里的阳台上挂着一个风铃,总能听见小小的铃铛发出的清脆声响。在看似没有任何变化的空间里,我知道,有风轻轻地拂过,是看不见的无数的尘埃推搡着风铃,仿佛是一大群孩子,在校园里吵闹。

下课的铃声,总是那么欢愉,可和放学的铃声相比,还是缺少了一些热闹与吼叫。一群一群的孩子走在放学的路上,又吵又闹,仿佛这些声音,还一直响彻在故乡的小路上。

下雨的时候,没有雨鞋,我光着脚丫深一脚浅一脚地走在泥泞里,后来买了雨鞋,家里只有一双高腰的,兄妹几个总是轮换着穿,这次下雨归我,下次下雨归她,也不管鞋的大小,就那么在泥地里开心地走。穿低腰的雨鞋,踩在深深的泥地里,泥浆总是灌满鞋子,还不如光脚丫走得利索。

第4章 孩子的成长，是一个不断放手的过程

我总好奇，奶奶那么大的身骨，脚却那么小，走起路来，老让我担心她会跌倒，裹脚的布总是一层又一层地缠在那里，很难明白古人的审美是怎样的一个畸变。鸡叫的时候，天还一片黑，奶奶领着我去敲邻家堂哥的门，唤他和我一起上学。不平坦的路，漆黑的天，走路晃悠的奶奶，一直在我的脑海里。

奶奶去世前留给我的最后一句话是，本指望我长大了，家里情况能有所改善，结果却什么用都没有。每次想到这一层，都心酸得难受。

贫穷一直这么深情地爱着这个家，不离不弃。父亲的艰辛，母亲的辛劳，都没有为这个家换来任何实质性的变化，挥洒在土地里的汗水，晒黑的脸庞，累弯的腰，刻在脸上的皱纹，跌落进泥土的泪水和无法遏止的轻叹，永远地深埋在这片土地里。土地上长出的庄稼，一定还含着他们的酸甜苦辣。

带着逃离这片土地的决心，带着发誓改变贫穷的勇气，我走进了城市，走进了可以领工资的单位，在那日复一日的重复工作中，开始了对青春的消耗，贫穷依旧，只是对城里的柏油路面越来越没有当初的兴致。现在每次回家，看到长满庄稼的土地，竟十分亲切和感到由衷的踏实。

每次回城前，父母都要准备一大堆东西给我带上，有蔬菜，有他们蒸的馍，有别人看他们时带的礼品，大包小包的让人都拎不动，还念叨着把什么好像忘了。我对他们说，"你们这是让我把石头往山里背"，但不管怎么说，不带总是不行，有时坚决不要，可看见父母失望的眼神，又一阵难过，那就带上吧，只要看着他们心里欢喜就行。

有两样东西，我从家里必带，一是母亲做的粮食醋，以前村里家家做，

现在只剩了两三户人家在做。做醋是一个很复杂的活,周期长,又累人,我劝母亲不要做了,可她总是口头答应着今年最后一次,到了第二年,她又做上了。二是家里磨的面粉,每次快没时,父亲总是记得比我还清,让我回家取面,说是他刚磨回来的面粉!

很遗憾,每年冬天,城里的屋子有暖气,叫父母来住,他们总不愿意过来,说城里不方便,上下都是楼梯,就像把人悬在半空似的。没办法,听父母的,但每次看天气预报,有大范围降温,自己住在有暖气的房里,而父母还在乡下的屋内受冻,就怎么也高兴不起来,那降的霜寒,好似就落在自己心里一般。

养孩子是一个艰辛的过程,自己做了父亲以后,才有了深刻的理解。吃穿倒没有像自己小时候那样困扰过自己,但孩子的教育成了最头疼的事,为上学,为作业,为考得不好,为被老师批评,为被老师通知叫家长,为择校,为多考一些分数,为打游戏,为看网文,为对学习的不上心,为和父母的顶嘴,为过分叛逆的行为,为了和别人比,为了自己的脸面,为了孩子能像别人家的孩子那么优秀,为了一个理想的大学,为了一份称心的工作,为了想出人头地的虚荣,等等,交织在一起,伴着吼叫争吵摔东西,伴着尽量的耐心与无可奈何,就这么一路走了过来。

奶奶活着的时候,最大的心愿是能抱上重孙,但儿子出生前一个多月,她去世了,以自己选择离世的方式走的,我恨她这么做,她不是要抱重孙吗,为什么就不再多等那一个多月?

爱是什么?是恨。恨有多深,爱就有多浓。爱是在大地上流淌的河流,奔腾不息,滋润着这广袤的大地。爱是传承,一代接着一代……

后　记

晚上，一家人在一起吃饭，不知怎么谈到了工作上，儿子说他只想安安稳稳地做一个普通员工，从没想过要做领导。

"做不做领导不重要，重要的是要有上进心！"不等儿子讲完，我脱口而出。从心底里，我对他这种不求上进的态度是有看法的。

"我把工作干好就行了。"

"啥叫干好，和所有人一样不出错，还是比一般人做得更好些？"我尽量语气显得平静地说。

"我不想想那么多。"

"有一件事你得想一想，现在你在你们科室是最年轻的，但马上就有比你更年轻的人到来。如果有一天，那些比你年轻得多的人，当了你的上司，态度好了还好，如果态度不好，那你才会知道不上进有多么痛苦……"我滔滔不绝地说着，直到媳妇拽我衣角，我才意识到自己言语的生硬。

儿子站起来，在客厅来回走，我让他坐下来，他说不想坐了，吃饱了，有些累，说完停了停，扭头回他的房间去了。

儿子起身在客厅来回走的时候，我似乎一下子明白了什么。我所有的说教，好多内容其实都是在告诉儿子一个我断言的事实，那就是不努力的人，永远只能在环境里活得卑微进而卑贱。我讲的道理他其实大多都懂、都明白，只是他对现实有一种深深的无力感，这种无力感加重了他的挫折感，也加重了他对自己未来的担忧与焦虑，而我又不断地这样说他，使他越来越不自信，也越来越为自己的未来焦虑，所以打游戏是缓解这种紧张，说自己愿做普通员工也是舒缓这种对未来的焦虑。说到底，都是我把自己对生活的焦虑完全倾倒在了儿子身上。这是多么痛苦的迟来的领悟！

道理孩子其实大多都懂，也知道做不好要受生活的惩罚，谁也不希望自己的生活变成这个样子，作为父母，我们就更不能再去多费口舌地为孩子徒添这种担忧，以致孩子不能正确地面对即将要做的事。

我们要做的，是帮助孩子把当下的事情一件一件地做好，不为过去懊悔，不为未来担忧，踏实而愉悦地过好每一天。